차별 없는 세상을 꿈꾼 사람들
사라져라 불평등

차별 없는 세상을 꿈꾼 사람들
사라져라 불평등

2017년 3월 10일 초판 1쇄 발행
2018년 5월 30일 초판 2쇄 발행

글쓴이	김용옥
그린이	조윤주
펴낸이	양진오
펴낸데	(주)교학사
주 소	서울특별시 마포구 마포대로 14길 4
전 화	영업 (02) 7075-147 편집 (02) 7075-333
등 록	1962년 6월 26일 (18-7)
편 집	조선희, 고덕규, 남성욱, 김수형

ⓒ 김용옥 2017
ISBN 978-89-09-19343-6 73810

이 도서의 국립중앙도서관 출판시도서목록(CIP)은 서지정보유통지원시스템 홈페이지(http://seoji.nl.go.kr)와
국가자료공동목록시스템(http://www.nl.go.kr/kolisnet)에서 이용하실 수 있습니다. (CIP제어번호 : CIP2017003364)

함께자람은 (주)교학사의 유아·어린이 책 브랜드입니다.

잘못 만들어진 책은 구입하신 서점에서 바꾸어 드립니다.
이 책 내용의 전부 또는 일부를 재사용하려면 반드시 지은이와 (주)교학사 양측의 동의를 받아야 합니다.
⚠주의 책 모서리가 날카로우니 떨어뜨리지 않도록 주의하시고, 책장을 넘길 때 베이지 않도록 주의하시기 바랍니다.
 (사용 연령:만 8세 이상)

차별 없는 세상을 꿈꾼 사람들

사라져라 불평등

김옥 글   조윤주 그림

함께자람

 **이 책을 쓴 이유**

'에잇, 차별하고 있어.', '세상은 너무 불평등해.'

사람들은 이런 생각과 말을 많이 해요. 어떤 사람들은 "어차피, 그런 세상 변하지 않아."라고 말하기도 하지요. 저도 그렇게 생각했어요.

그러다가 '불평등한 세상을 바꾸기 위해, 차별을 없애기 위해 움직인 사람은 없을까?' 하는 생각을 하게 됐고, 여섯 사람을 찾아냈어요.

마틴 루서 킹, 마하트마 간디, 조지프 퓰리처, 루이 브라유, 요한 하인리히 페스탈로치, 앤드루 카네기예요.

이 여섯 사람이 처음부터 '나는 불평등한 세상을 바꾸고야 말겠어.'라고 거창한 목표를 세운 것은 아니에요. 그들은 모두 주변 사람들을 돌아보고, 잘못된 것을 바꾸기 위한 작은 일부터 시작했어요. 그러다가 '앞으로 어떻게 살아야 할까?' 하는 깊은 고민을 하게 되었고 그 고민의 순간마다 더 좋은 선택을 한 거예요.

지금도 세상은 여전히 불평등하지만, 이 여섯 사람이 살던 때보다는 차별이 줄어들었어요. 우리는 이미 변해 있는 세상에 살고 있으니까 그 변화를 실감하지 못한 거예요. 이것을 여러분과 함께 나누고 싶었어요.

이 책 속에 나온 여섯 사람뿐 아니라 자기 자리에서 자신의 일을 묵묵히 하며 주변의 어려운 사람들을 돕고 가슴에 품었던 이름 모르는 수많은 사람들도 불평등한 세상을 바꾸는 데 큰 힘이 됐다는 것도요.

 **이 책을 읽는 방법**

    이 책에 나온 여섯 사람의 삶을 통해 어떤 불평등과 차별을 사라지게 하려고 했는지 분야별로 살펴보았어요.

    마틴 루서 킹은 흑인 인종 차별, 마하트마 간디는 인도의 신분 차별, 조지프 퓰리처는 신문을 통해 가난한 사람의 편에 섰어요. 루이 브라유는 시각 장애인의 삶을 향상시키고, 요한 하인리히 페스탈로치는 가난한 아이들의 교육에, 앤드루 카네기는 경제적인 불평등을 줄이고자 노력했지요.

    그들은 자기가 가장 잘할 수 있는 곳에서 불평등을 줄이기 위해 애를 썼어요.

    이 책을 읽으면서 먼저 그들의 삶을 만나 보세요. 그다음에는 연도별로 정리된 그들의 삶을 다시 한 번 따라가 보세요. 그러면 그들이 세상을 떠난 뒤에도 우리에게 큰 영향을 미쳤다는 걸 알게 돼요. 그런 뒤에 그들이 애썼지만 현재에도 여전히 남아 있는 세상의 불평등과 차별 사례를 읽어 보고, 불평등을 줄이려면 어떻게 해야 할까를 생각해 보는 거예요.

    이제, 여러분이 어른이 되었을 때는 불평등과 차별이 더 사라진 세상이 될 거예요.

모두가 하나가 되는 꿈
마틴 루서 킹

마틴 루서 킹은 죽게 될까?
처음 인종 차별을 알게 된 날
인종 차별 투쟁에 뛰어들다
본격적으로 인권 운동가의 길을 걷다
<u>인종 차별</u> 후드 티가 위험하다?

p.9

공동체 안에서는 모두가 평등
마하트마 간디

간디의 소금 행진은 성공한 것일까?
간디의 어린 시절
남아프리카에서 보낸 청년 시절
인도에서 영국 정부에 대항한 시절
<u>신분 차별</u> 신분이 다른 사람과 결혼하면 안 돼요?

p.35

언론은 세상을 움직일 수 있어
조지프 퓰리처

두 신문의 경쟁, 누가 이길까?
헝가리를 떠나 미국에 정착하다
칼날 기자란 별명을 얻다
부정부패를 폭로하고 여론을 이끄는 신문사
언론 대학원을 세우다
<u>여론의 불평등</u> 블로그 운영자, 태형 1000대

p.59

눈 대신, 손으로 읽자
루이 브라유

루이가 만든 점자는 사라지는 걸까?
송곳에 눈을 찔리다
책을 읽을 수 있는 학교
점자를 만들어 내다
직접 책을 만들다

<u>장애인 차별</u> 안내견도 들어가게 해 주세요

p.85

공평하게 교육을 받아야 해
요한 하인리히 페스탈로치

아이로스는 어디로 갔을까?
나는 한심한 아이가 아니야
고민 끝에 농사를 짓다
빈민 학교를 열고, 고아원을 운영하다
자유롭고 사랑이 가득한 학교를 세우다

p.111

<u>교육의 불평등</u> 우리 학교를 구해 주세요

부자가 되어라, 그리고 베풀어라
앤드루 카네기

카네기는 왜 회사를 팔았을까?
가난이라는 괴물
카네기가 부자가 된 이야기
행복한 자선 사업

<u>경제적 불평등</u> 물조차도 먹을 수 없는 가난

p.141

마틴 루서 킹은 죽게 될까?

1968년 4월 3일, 테네시 주 멤피스 시에는 비가 계속 내리고 있었다. 빗속에서 마틴의 연설이 울려 퍼졌다. 흑인 환경미화원 노조 집회였다.
"힘겨운 날들이 기다리고 있을 것입니다. 제가 가야 할 산에 여러분과 함께 오르지 못할지도 모릅니다. 그러나 우리는 한 민족으로 약속의 땅에 들어가게 될 것입니다. 지금 저는 행복합니다. 아무 걱정도, 두려움도 없습니다."
마틴은 연설을 마치고 멤피스의 한 호텔에 묵으러 갔다.
"선생님을 암살하려 한다는 소문이 파다하게 퍼져 있어요. 여기에 머무르는 게 위험하지 않을까요?"
"나는 노동자들의 파업 투쟁을 지원하러 왔소. 무섭다고 피할 수는 없어요."

마틴은 의자 깊이 몸을 묻고, 감은 눈을 뜨지 않고 말했다. 마틴과 이야기하는 사람은 흑인 환경미화원 중 한 명이었다.

"3년 전에 맬컴 엑스도 암살당했어요. 죽는 것이 두렵지 않으십니까?"

맬컴 엑스도 흑인의 인권을 위해 몸을 아끼지 않은 사람이었다.

마틴은 눈을 떴다. 마틴의 눈빛이 잠시 흔들렸지만, 곧 평온해졌다.

"나도 다른 사람들처럼 오래 살고 싶어요. 그러나 지금은 신경 쓰지 않아요. 단지 하나님의 뜻에 따라 움직이고 싶습니다."

모두 방을 나가고 마틴은 혼자 남았다. 마틴은 천천히 일어나 창문 앞에 섰다. 불빛 하나 없었다. 아무것도 보이지 않는 깜깜한 어둠뿐이었다.

'흑인 차별은 어느 정도 사라지고 투표권도 주어졌지만 흑인들의 삶은 여전히 어렵다. 난 베트남 전쟁도 반대했다. 전쟁에 힘을 쏟으면서는 빈곤 퇴치를 제대로 할 수 없다. 인종 차별도 문제지만 빈곤도 해결되어야 한다. 시카고 흑인 지역의 빈민가 아파트로 이사 간 것도 차별과 빈곤을 없애는 데 좀 더 적극적으로 참여하기 위해서가 아니었던가.'

마틴은 자신의 지난날이 떠올랐다. 검둥이라는 말을 처음 들었던 때, 인종 차별이 옳지 않다고 생각했던 날, 그리고 차별받는 흑인들을 위해 무슨 일이라도 해야 한다고 결심한 사건까지 모든 순간이 새롭게 지나갔다.

처음 인종 차별을 알게 된 날

　마틴은 노는 것을 좋아하는 활달한 어린이였다. 옆집에는 쌍둥이 형제가 살고 있었다.

　그날도 마틴은 여느 때와 같이 이 쌍둥이 형제와 놀았다. 그런데 쌍둥이 형제의 어머니가 갑자기 아이들의 손을 잡아끌고는 집 안으로 들어가며 소리를 질렀다.

　"검둥이는 검둥이랑 놀라고 해. 우린 백인이야!"

　마틴은 어리둥절해서 멍하니 서 있었다. 왠지 모를 설움이 밀려왔다.

　"검……둥……이는 검둥이랑 놀래."

　겨우 눈물을 삼키며 집에 돌아온 마틴은 어머니를 보자 울음을 터뜨리고 말았다. 어머니는 마틴을 꼭 안아 주며 눈물을 닦아 주었다. 마틴이 울음을 그치고 진정이 되자 어머니는 마틴을 바라보며 이야기를 시작했다.

　"마틴, 엄마 말을 잘 들어라. 피부색이 다르다고 너랑 놀지 말라고 하는 건 그들의 생각이 틀린 거야. 너는 잘못한 것이 없단다."

쌍둥이 형제와 자신의 피부색이 다르다는 것은 알겠지만 왜 그것 때문에 쌍둥이 형제와 함께 놀면 안 되는지 마틴은 여전히 알 수 없었다.

어느 날 마틴은 아버지와 시내의 골목길을 걸어가고 있었다. 거기에는 신기한 것들이 너무 많았다. 마틴은 아버지에게 계속 질문을 퍼부었다. 아버지는 질문에 답을 하느라 걸음이 느려졌다. 그때 뒤에서 갑자기 누군가가 소리를 질렀다.

"야, 꼬마야!"

웬 백인이 마틴과 아버지를 보고 화를 내며 말했다.

"앞에서 얼쩡거리니 갈 수가 없잖아. 빨리 가든지 아니면 비켜!"

마틴은 무서워서 아버지 뒤에 숨었다. 마틴의 아버지는 그 백인과 정면으로 맞서며 당당히 말했다.

"그 꼬마란 소리는 누구에게 한 거요? 만일 나에게 한 말이라면 절대 비키지 않을 것이오."

아버지 말에 당황했는지 그 백인은 얼굴이 벌게져서는 가 버렸다.

"저 사람이 썼던 '꼬마'라는 말은 흑인을 얕보고 낮추어 말할 때 쓰는 말이란다. 예사로 쓰는 저런 말을 받아들이면 안 돼. 틀리면 틀리다고 말하고, 우리의 권리를 요구해야 해."

'아, 아버지가 당당하니 백인도 잘못한 것을 알고 꼼짝 못하는구나!'

마틴은 아버지가 무척 자랑스러웠다.

그날 이후, 마틴은 인종 차별에 대해 깊이 생각하게 되었다.

그러다 문득 그동안 이상하게만 생각했던 일들의 이유를 깨닫게 되었다. 왜 아이스크림 가게 주인이 백인 소년과 다르게 자신에게 쌀쌀맞게 굴었는지, 버스 안에서 백인들이 왜 멸시에 찬 눈초리로 자신을 노려보았는지 말이다.

마틴은 자기와 같은 피부색을 가진 사람들을 예전보다 주의 깊게 보게 되었다.

마틴은 웅변을 잘했다. 틈만 나면 연습을 했고, 책을 많이 읽어서 상상력도 풍부했다. 마틴은 열다섯 살 때 '흑인과 인권'이라는 주제로 웅변 대회에 나가 2등을 했다.

상을 받고 지도 선생님과 함께 기분 좋게 집으로 돌아오는 길이었다. 둘은 버스에 올랐고 자연스럽게 흑인 전용 좌석에 앉았다.

다음 정거장에서 백인이 한 명 탔다. 그 백인이 자리가 없다고 투덜대자, 백인 운전사는 "어이, 거기 흑인 둘. 일어나!" 하고 소리를 질렀다. 마틴은 화가 났다. 똑같이 차비를 내고, 거기다 정해진 흑인 전용 좌석에 앉았는데 일어나라고 하다니…….

그때 선생님이 일어서며 마틴의 손을 슬며시 잡아끌었다.

"마틴, 참아. 시끄럽게 해서 좋을 게 없다."

난처한 선생님의 표정을 보고 마틴은 자리에서 일어났다. 백인은 당연하다는 듯 마틴을 툭 밀쳐 내고 그 자리에 앉았다. 마틴은 분한 마음이 쉽게 가라앉지 않았다.

마틴은 더욱더 공부에 전념하였다. 마틴은 흑인 중에서도 운이 좋은 편이었다. 하고 싶은 공부를 마음껏 할 수 있을 만큼 집안은 여유가 있었다. 마틴은 열다섯 살이라는 나이에 남들보다 먼저 모어하우스 대학에 입학했다. 당시 목사들은 인종 차별을 받아들이라는 설교를 많이 했다. 마틴은 그런 설교를 듣고도 목사의 길을 가야 할지 고민되었다.

그러던 어느 날, 대학 학장인 벤저민 메이즈 선생님의 설교를 듣게 되었다.

"인종 차별을 참고 견딜 것이 아니라, 현실을 바로 보고 인간 해방을 위해 교회가 도와야 합니다."

'아, 내 생각이 짧았구나. 어떤 목사가 되는가는 내 몫인데…….'

1948년, 열아홉 살이 된 마틴은 모어하우스 대학을 졸업하고, 목사 안수를 받은 뒤 교인들에게 첫 설교도 하였다. 그 후, 크로저 신학 대학과 보스턴 대학 신학부에도 다녔다. 공부도 열심히 하고 옷차림도 신경을 써서 단정하게 입고 다녔다. 흑인으로서 모든 일에 모범이 되어야겠다고 생각했기 때문이었다.

마틴은 보스턴 대학에서 성악을 전공하는 코레타 스콧이라는 흑인 여학생을 만났다.

그녀의 아름다운 목소리와 총명하고 열정적인 모습에 반한 마틴은 만난 첫날 청혼을 했다.

코레타는 망설이기도 했지만, 결국 마틴의 청혼을 받아들여 그와 결혼하였다. 그 후 오랫동안 코레타는 마틴의 훌륭한 아내이자 든든한 동지가 되었다.

이제 마틴은 앞날을 결정해야 했다. 그는 학자가 되어 학생들을 가르치고 싶은 마음도 있었지만 결국 앨라배마 주 몽고메리 시에 있는 교회를 선택했다. 그곳은 인종 차별이 심한 남부 지역이었다.

 인종 차별 투쟁에 뛰어들다

마틴이 몽고메리 시로 간 것은 어쩌면 신의 뜻이 아니었을까?

몽고메리 시에서 주목할 만한 사건이 하나 생겼다. 버스 안에서 백인을 위해 자리에서 일어나지 않았다고 로자 파크스라는 흑인 여성이 감옥에 갇히게 된 것이다. 마틴이 몽고메리 시의 흑인 거주 구역인 덱스터 가에 있는 교회의 목사로 온 지 1년 정도 되던 해에 벌어진 일이었다.

로자 파크스의 체포 소식이 전해지자 흑인들은 술렁이기 시작했다. 로자가 체포된 다음 날, 몽고메리 시의 흑인들은 마틴을 찾아왔다.

몽고메리 시의 흑인들은 '버스 안 타기 운동'을 하기로 결정했다. 그리고 이 운동을 이끌 위원장으로 사람들은 마틴을 뽑았다. 그때 마틴의 나이는 스물여섯 살이었다.

1955년 12월 5일, 월요일 아침이 밝았다. 곧 첫 버스가 지나갈 것이다.

'정말 모두가 마음을 모을 수 있을까?'

마틴은 긴장이 되어 창밖을 볼 수가 없었다.

"여보, 방금 버스가 지나갔어요. 버스 안이 텅텅 비었어요. 흑인들이 한 명도 안 탔어요."

밖을 내다 보던 코레타가 기쁨에 찬 목소리로 말했다.

"다음 버스도 기다려 봐야 알 것 같소."

마틴은 기쁨을 누르고 침착해지려고 노력했다.

다음 버스도, 그다음 버스도 텅텅 빈 채로 지나갔다. 마틴은 코레타를 껴안고 안도의 숨을 내쉬었다. 마틴의 지도 아래 흑인들은 하나가 되어 '버스 안 타기 운동'을 실천해 갔다.

몽고메리 시 당국은 '버스 안 타기 운동'을 심각하게 생각하지 않았다. 버스 요금을 받는 택시 회사에 벌금을 물리겠다고 하며 겁을 주었을 뿐이다. 그러나 몇 주가 지나도 '버스 안 타기 운동'은 끝나지 않았다. 흑인들은 뜨거운 햇볕이 내리 쬐는 날에도, 비가 오는 날에도 버스를 타지 않았다. 그러자 몽고메리 시 당국은 좀 더 강하게 나왔다. 흑인들이 작은 잘못이라도 저지르면 무조건 체포했던 것이다. 백인들 중에는 마틴의 집에 전화를 해서 위협을 하거나 협박 편지를 보내는 사람들도 있었다.

그렇게 위태로운 가운데 하루하루가 지나갔다.

'버스 안 타기 운동'을 시작한 지 한 달쯤 지났을 때, 모임에 나와 있던 마틴은 깜짝 놀라고 말았다. 자신의 집에 누군가가 폭탄을 던졌다는 소식을 들었기 때문이었다.

마틴은 서둘러 집으로 달려갔다. 마틴의 집 앞에는 몽둥이를 든 흑인들이 모여 있었다. 하나같이 모두 화가 나 있었다. 경찰이 흑인들을 돌아가게 하려 했지만 사태는 더 험악해지고 있었다.

마틴은 먼저 집 안으로 들어가 가족을 살폈다. 다행히 가족은 무사했다.

"언제까지 우리가 당해야 합니까?"

"모인 김에 우리도 화가 나면 무섭다는 것을 보여 줍시다."

모여 있던 흑인들이 집 밖으로 나오는 마틴에게 소리쳤다. 잘못하면 서로 피를 흘리며 싸우게 될지도 모를 긴박한 상황이었다. '침착하자, 침착하자.' 마틴은 가만히 숨을 내쉬었다.

"모두 몽둥이를 내려놓고 진정하세요. 우리가 지금 저들에게 폭력을 쓴다면 지금까지 한 일이 의미를 잃게 되는 겁니다."

마틴은 간절히 설득했다. 그들의 분노를 충분히 이해하기 때문에 더 마음이 아팠다. 마틴의 설득에 흑인들이 하나둘 집으로 돌아갔다.

마틴의 노력으로 폭력 사태가 일어나는 것은 막을 수 있었다. 그리고 '버스 안 타기 운동'은 점점 더 확산되었다. 흑인들은 계속 걸어서 출근을 했다. 여의치 않으면 택시를 타거나, 마차를 타기도 했다. 심지어 어떤 사람은 당나귀를 타고 다녔다. 그러던 와중에 '버스 안 타기 운동'을 돕는 백인들도 생겼고, 격려의 편지들도 속속 도착했다. 남부의 다른 주에 사는 흑인들도 이 운동에 참여하였다. 버스 이용을 거부하는 흑인들은 점점 늘어갔다.

이렇게 '버스 안 타기 운동'이 계속되자 운수 회사를 운영하는 백인들이 겁을 먹기 시작했다. 버스 요금을 받지 못하니 잘못하면 회사가 망할 수도 있기 때문이었다. 몽고메리 시에서도 흑인들을 버스에 타지 않는다고 해서 감옥에 가둘 수도 없는 노릇이었다. 오래가지 않아 포기하고 말 것이라 생각했던 백인들은 점점 더 곤란해져 갔다. '버스 안 타기 운동'은 12개월 16일 동안 계속되었다.

　'버스 안 타기 운동'이 끝나게 된 것은 기쁜 소식이 날아들었기 때문이었다. 연방 대법원에서 '몽고메리 시가 버스 좌석을 흑백으로 나눈 것은 헌법에 위반된다.'는 판결을 내린 것이다.
　이제 버스에서 흑인이든 백인이든 비어 있는 자리에 가서 누구나 앉을 수 있게 되었다. 이제 피부색에 따라 버스 자리에서 차별을 받는 일은 사라졌다.

그러나 백인들 중에는 연방 대법원의 판결을 받아들이지 않는 사람들이 많았다. 연방 대법원의 판결이 나온 지 얼마 되지 않아 흑인들이 탄 버스에 총을 쏘는 사람도 있었고, 남부에서는 흑인 지도자들에게 폭탄을 던지는 일도 벌어졌다.

 본격적으로 인권 운동가의 길을 걷다

몽고메리 시의 '버스 안 타기 운동'이 성공한 뒤에 마틴은 꽤 유명해졌다. 신문과 잡지에도 그의 기사가 자주 나왔다. 마틴에게 연설을 해 달라고 초청하는 곳도 많았다.

이 무렵 '남부 기독교 지도자 협의회'라는 단체도 만들어졌는데, 마틴이 의장으로 뽑혔다. 마틴은 미국 전역으로 흑인들의 권리를 찾기 위한 운동을 펼쳐 나가기로 했다.

마틴은 투표권 얻기 운동을 시작했다. 백인은 흑인에게 시험을 치르게 하고 그 시험에 통과한 흑인에게만 투표권을 주었다. 그러다 보니 교육을 제대로 받지 못한 흑인들로서는 투표권을 갖기가 어려웠다.

흑인들은 투표권을 요구하는 행진을 하기로 했다. 1957년 5월, 흑인들은 링컨 기념관에서 모임을 가졌다. 이 모임에는 30개 주의 3천 5백여 명이 참가했다. 그 뒤로도 마틴은 3년 동안 미국 전역을 돌며 '흑인의 투표권'을 요구하는 연설을 했다.

마틴은 많은 어려움과 싸워야 했다. 경찰이 마틴의 연설을 방해하기도 하고, 때로는 잡아다 감옥에 가두기도 했다. 마틴은 힘들었지만 한편으로 그런 고통이 흑인 동포들과 더 가까워지는 길이라 생각하며 힘을 얻었다.

마틴이 『자유를 향한 위대한 행진』이라는 책을 펴냈을 때는 이런 일도 있었다. 출판 기념회에서 한 흑인 여자가 마틴에게 다가왔다. 마틴은 사인을 받으려는 줄 알았는데 갑자기 그 여자는 칼로 마틴의 가슴을 찔렀다. 다행히 마틴은 바로 병원으로 실려 가서 목숨은 건질 수 있었다. 마틴을 찌른 여자는 정신병을 앓고 있는 여자였다. 마틴은 그녀를 용서해 주고 정신 병원에서 치료를 받을 수 있게 해 달라고 부탁했다.

"여보, 당신 일이 신문에도 나왔어요. 많은 사람들이 당신이 빨리 낫기를 빌어 주고 있어요."

병원에서 코레타가 신문을 보여 주었다.

"이런 일을 당했지만 나는 행복한 사람이에요. 빨리 나아야겠어요."

마틴도 때로는 정말 화가 나면 폭력을 써서 해결하고 싶었다. 하지만 그럴 때마다 간디의 비폭력 정신을 생각했다. 마틴은 1959년, 간디의 고향을 방문하였다. 간디를 모신 사원에 가서 참배를 하니 울컥 눈물이 나왔다. 너무 와 보고 싶었던 곳이었다. 인도의 네루 수상도 만났다. 마틴은 더욱 간디의 뜻을 본받아야겠다고 생각했다.

마틴이 미국으로 돌아오니 편지가 와 있었다.

안녕하세요?

노스캐롤라이나의 흑인 대학생들이에요.

저희는 백화점 안에 있는 음식점에서 시위를 하고 있어요.

처음에는 식당에 들어갔는데 종업원이 흑인 학생들에게 주문을

받으러 오질 않는 거예요. 우리는 하루 종일 그 의자에 앉아 있었어요.

다음 날도, 그다음 날도 저희는 의자에 앉아 주문을 받으러 오길

기다렸어요. 그러자 도움을 주는 학생들도 많아지고 이 일이 남부의

여러 곳으로 퍼져 갔어요.

두 달이 지난 지금은 50여 군데에서 농성이 벌어지고 있어요.

그러다 보니 잡혀가는 학생들도 생겨났어요.

어떻게 하면 좋을까 저희들끼리 의논하다가

선생님께 일단 도움을 청해 보자고 했어요.

도와주세요.

마틴은 편지를 보낸 흑인 학생들에게 바로 달려갔다.

"훌륭하오. 폭력으로 맞서지 않은 것은 정말 잘했소. 끝까지 무력을 쓰지 마시오."

마틴은 학생들과 함께 백화점 안 식당으로 들어갔다. 경찰이 나타나 마틴과 그 일행들을 모두 감옥으로 끌고 갔다.

마틴은 신문과 방송을 활용하는 것에 대해 많이 생각했다. 이번 일도 왜 이런 일이 일어났는지, 흑인들이 어떻게 차별받고 있는지를 잘 설명하여 신문에 실리게 했다. 신문을 보고 흑인들의 행동을 이해하고 격려하는 사람들이 늘어났다.

1963년, 미국 전역에서는 흑인 민권 운동이 퍼지고 있었다. 마틴도 적극 동참했다.

4월에는 앨라배마 주 버밍햄에서 열린 시위에 참석하고는 직접 경찰에 찾아가 구치소에 투옥되기도 했다.

그 당시 미국의 케네디 대통령은 인종 차별을 철폐할 민권 법안을 시행하려 했다. 마틴도 이 법안이 통과되기를 바라는 마음으로 8월에 워싱턴에서 대행진을 했다. 본래 이날을 위해 따로 준비한 원고가 있었지만, 수많은 인파를 보자 마음이 바뀌었다. 마틴은 평소 즐겨하던 연설을 했다.

수십 만 명이 귀를 기울이고 있던 모습을 생각하니 마틴은 또다시 가슴이 뭉클해졌다.

마틴은 그때 했던 연설의 한 구절을 낭송했다.
"나에게는 꿈이 있습니다. 언젠가는 흑인 어린이들이 백인 어린이들과 형제처럼 손을 잡고, 피부색이 아니라 인격으로 대우받는 나라에서 살게 되는 꿈입니다. 그 꿈이 이루어지는 날이 반드시 올 것입니다!"

어느새, 서서히 창밖의 어둠이 걷히고 있었다. 수많은 사람들의 소리 없는 응원이 밤을 몰아내고 있었다. 마틴은 앞으로 할 연설을 생각했다.

그러나 다음 날인 1968년 4월 4일, 마틴은 백인이 쏜 총에 맞아 세상을 떠났다. 그의 나이 서른아홉 살이었다. 더 이상 마틴의 우렁차고 가슴 울리는 연설을 들을 수 없게 되었다.

세상을 떠나기 두 달 전, 마틴은 고향 조지아 주의 한 교회에서 설교를 했다.

"내가 죽거든 길게 장례를 치르지 마십시오. 조사(애도의 말)도 길게 하지 마십시오. 또 내가 노벨상 수상자라든지, 그 밖에 많은 상을 탔다는 것도 말하지 말아 주십시오. 그것은 하나도 중요하지 않습니다. 그날이 오면 누군가 이렇게 말해 주면 좋겠습니다. '마틴 루서 킹은 인류를 사랑하고, 전쟁에 대해 올바른 입장을 취했다. 굶주린 사람들 먹이고 헐벗은 사람을 입히려고 정말 애썼다. 목숨을 바쳐 다른 사람들을 섬기려 했고 살아서 인류에 봉사하려고 애썼다.'고 말입니다."

멤피스에서의 연설도, 이 설교를 할 때도 마틴은 자신의 죽음을 예견했던 것일까?

마틴 루서 킹의 삶을 다시 한 번 따라가 볼까요.

마틴 루서 킹

(1929 ~ 1968)

1929년
1월 15일, 미국의 애틀랜타에서 태어났다.

1940년
1944년 15세
모어하우스 대학에 들어갔다.

1948년 19세
대학을 졸업하고,
크로저 신학교에 들어갔다.
에벤에셀 교회의 부목사가 되었다.

1968년
39세
파업 투쟁을 지원하러 멤피스로 갔다.
4월 4일, 백인 우월주의자의 총에 맞아 멤피스에서 세상을 떠났다.

그이는 자신의 신념을 위해 죽을 각오가 되어 있다고 자주 말했어요. 완전히 자신을 바쳐야 다른 사람에게도 힘이 된다고요. 그러니 위대한 신념을 위해 자신을 바치는 사람들이 있는 한, 그이는 부활하게 되는 거예요. _코레타 스콧 킹

1986년
마틴 루서 킹을 기려 그의 생일(1월 15일)에 가까운 1월 세 번째 월요일을 '마틴 루서 킹'의 날로 정하고 연방 정부 공휴일로 지정하였다.

- **1951년 22세**
  신학교 졸업 후, 매사추세츠 주에 있는 보스턴 대학 신학 대학원에 들어갔다.
- **1953년 24세**
  코레타 스콧과 결혼했다. 그 뒤 네 명의 자녀가 태어났다.
- **1954년 25세**
  몽고메리 시의 덱스터 교회 목사가 되었다.
- **1955년 26세**
  로자 파크스 부인 사건이 일어난 뒤, '버스 안 타기 운동'을 이끌었다.
- **1957년 28세**
  남부 기독교 지도자 협의회 의장으로 뽑혔다. 『자유를 향한 위대한 행진』을 출간했다.
- **1959년 30세**
  간디의 고향을 방문하였다.

1950년

1960년

- **1963년 34세**
  워싱턴에서 열린 평화 행진에서 '나에게는 꿈이 있습니다.'라는 연설을 하였다.
- **1964년 35세**
  노벨 평화상을 받았다.
- **1966년 37세**
  시카고 흑인 지역의 아파트로 이사를 갔다. 베트남 전쟁 반대 운동을 하였다.

인종 차별

후드 티가 위험하다?

2012년 2월 말, 미국의 플로리다 주 샌퍼드에서 일어난 일이에요.

17세 흑인 청소년 트레이번 마틴은 회색 후드 티를 입고 집 근처 편의점에서 사탕과 아이스티를 사서 나왔어요.

트레이번 뒤를 자율 방범 순찰 대원인 짐머만이 따라오며 911 대원과 통화를 했어요.

"앞에 가는 흑인이 하는 짓이 이상하다. 무슨 일을 저지를 것 같아."

트레이번은 여자 친구에게 전화를 걸었어요.

"이상한 사람이 쫓아오고 있어. 그래서 후드를 쓰고 더 빨리 걷기 시작했어."

짐머만은 트레이번을 쫓아가면서 911 대원과 계속 통화를 했어요.

"비가 오는데 자꾸 두리번거리며 걸어 가고 있다. 아무래도 수상하다."

그리고 잠시 후, 짐머만은 트레이번을 붙잡았고, 이 과정에서 겁에 질려 도망치려는 트레이번을 총으로 쏘아 죽였어요. 그리고 트레이번이 먼저 공격했기 때문에 정당방위를 했다고 주장했어요.

하지만 트레이번은 술도 마시지 않았고 약물을 복용한 상태도 아니었어요. 이전에 죄를 지은 적도 전혀 없었고요.

이 사건에 대해 한 신문의 시사 해설자 헤라르도 리베라는 '흑인이나 히스패닉 젊은이들의 후드 티는 폭력배를 생각나게 한다. 후드 티는 트레이번의 죽음에 책임이 있다.'고 썼어요.

그 기사로 논란이 커지면서 '1백만 후드 티를 입은 사람들' 행진이 이루어졌고 인종 차별 투쟁이 시작되었어요. 재판에서 백인인 짐머만은 정당방위로 인정되어, 무죄 판결을 받았어요. 그런데 배심원단 6명 중 5명이 백인이어서, 또다시 미국 전역이 인종 차별 논란에 휩싸였지요.

2년 뒤, 또 미국의 미주리 주 퍼거슨에서 흑인 청소년 마이클 브라운이 백인 경찰이 쏜 총에 맞아 죽는 일이 생겼어요. 흑인들이 크게 동요되어 '퍼거슨 사태'로까지 이어졌지요. 이후 인식이나 제도의 변화는 조금 있었지만 백인 경찰이 흑인을 과잉 진압하는 사건은 여전히 사라지지 않았어요.

인종 차별 사건은 프랑스에서도 일어났어요. 2014년, 파리에서 축구 경기를 보고 돌아가던 사람들이 파리 지하철에서 흑인인 술레만 실라를 타지 못하도록 밀쳐 내고 "우리는 인종 차별주의자다."라는 노래를 불렀어요.

또 오스트레일리아의 시드니에서는 2012년에 10대 백인들이 중국 유학생 쉬안 일행을 기차 안에서 "아시아의 개들!"이라 욕을 하고 폭행했지요.

불평등 줄이기

인종 차별 논란은 다양한 인종이 섞여 사는 나라, 특히 백인이 중심이 된 사회인 미국을 비롯해 영국, 프랑스, 독일, 오스트레일리아 등에서도 심심찮게 보도되고 있어요. 이런 나라 외에도 다양한 인종이 같이 사는 곳에서는 인종 차별 문제가 일어나고 있지요. 이주 노동자들과 국제결혼 등으로 외국인이 갑자기 늘어난 우리나라도 예외가 아니에요.

우리나라에서 인종 차별이 더 문제가 되는 것은 사람들이 흑인이나 동남아시아 인에게 하는 말과 행동이 인종 차별인지도 모르고 무심히 한다는 거예요. 똑같은 외국인인데도, 백인에게는 더 친절하게 대하는 경우도 있고요.

우리나라는 계속해서 다른 나라 사람들이 늘어날 거예요. 그렇기 때문에 인종 차별 행위에 대해 더 관심을 갖고, 더불어 잘 살 수 있도록 노력해야 해요.

인종 차별은 '상대방이 나보다 못하다고 생각' 하는 데서 시작하기 때문에 편견을 갖지 않도록 해야겠지요.

간디의 소금 행진은 성공한 것일까?

"카디를 입으십시오. 몸을 청결하게 해서 건강을 지키세요. 어린 자녀를 일찍 결혼시키지 마십시오. 소금법도 어기도록 합시다."

간디의 말 한 마디에 수많은 사람들이 귀를 기울이고 경의를 표했다. 이곳에 도착하기 전까지 머무는 곳마다 간디는 강연을 했다. 처음에는 칠십 명이 간디의 뒤를 따라왔지만 그 수는 어느새 수천 명이 되었다. 간디와 일행들이 도착한 곳은 인도양 연안의 작은 단디 바닷가이다. 24일 만이었다.

흰 천으로 몸을 감싼 간디, 잦은 단식으로 몸은 많이 수척해졌지만 안경 속의 눈은 맑고 빛이 났다.

간디는 몸을 수그려 천천히 소금 한 조각을 집어 들었다.

"여러분, 이제 우리도 소금을 만들 수 있습니다."

간디의 외침에 군중들 사이에서 환호성이 터져 나왔다. 감정이 북받쳐 눈물을 흘리는 사람들도 많았다.

그러나 감격의 순간은 그리 길지 않았다. 곧 영국 경찰들이 들이닥쳤고, 간디와 국민회의 지도자들과 많은 시위 참가자들이 감옥에 갇혔다.

간디는 감옥에 갇히면 책을 읽고 글을 썼다.

'또 감옥에 갇혔구나……. 어떤 사람은 이런 비폭력적인 시위가 무슨 영향을 미치겠느냐고 한다.'

고요한 밤, 간디는 잠이 오지 않았다. 간디는 자신의 어린 시절부터 지금까지를 돌이켜 보았다.

 **간디의 어린 시절**

간디는 막내로 태어났다. 부모님을 비롯해 누나와 형 둘도 간디를 귀여워했다. 그러다 보니 응석받이에 귀염둥이였다. 간디를 돌보던 누나가 말했다.

"너는 수은처럼 불안정한 아이야. 수은이 고정되어 있지 않고 어디로 튈지 모르는 것처럼 잠시도 가만히 있지를 않는구나."

간디는 말을 쫓아다니고 물소에게 말을 걸기도 하고, 고양이랑 숨바꼭질도 했다. 만만한 개한테는 가끔 귀를 비트는 장난을 치기도 했다.

"이 녀석, 또 어디 간 거야?"

아버지의 말에 온 가족들이 간디를 찾아 헤매곤 했다.

축제가 있던 어느 날이었다. 그날도 간디는 몰래 집을 빠져나왔다. 아름답게 옷을 입고 머리에 꽃을 꽂은 여자들 무리가 지나가자 간디는 그 뒤를 쫓아갔다. 간디는 하루 종일 아무것도 먹지 않고 여자들 머리에서 떨어지는 꽃송이만 먹었다. 하루가 지난 뒤에야 가족들은 겨우 간디를 찾아냈다.

"꽃송이에 독이 있을지 모르니 해독제를 먹여야 해."

어머니가 근심 어린 표정으로 간디에게 약을 먹였다.

간디는 개구쟁이이기도 했지만, 한편으로는 수줍음도 많고 몸도 약했다. 놀림을 당할까 봐 겁이 나서 친구도 못 사귀었다. 수업이 끝나면 부리

나케 집으로 달려오곤 했다.

집에 오면 마음이 잘 맞는 사촌이랑 어울려 놀았다. 어느 날 오후, 집을 빠져나가 사촌들과 신전에서 진짜 신상 몇 개를 몰래 꺼냈다. 진흙으로 만든 것 말고 진짜를 가지고 놀고 싶었다. 그런데 신상을 가지고 도망치다가 신상끼리 부딪쳐 큰 소리가 나는 바람에 사제가 그들을 잡으려고 쫓아왔다. 둘은 죽어라 도망쳐서 겨우 잡히는 걸 면할 수 있었다. 그러나 나중에는 간디의 자백으로 그 일이 들통나고 말았다.

옛날에는 어린 나이에 부모가 정해 준 소녀와 결혼을 하는 관습이 있었다. 그래서 간디도 열세 살에 결혼을 했다. 결혼식에는 돈이 많이 들기 때문에 아버지는 돈을 절약하기 위해 간디와 둘째 형, 그리고 사촌의 결혼식을 한꺼번에 치렀다. 아버지는 일 때문에 다른 곳에 갔다가 결혼식 전날 마차를 타고 급하게 오다가 마차가 뒤집히면서 크게 다쳤다. 그렇지만 결혼식을 미룰 수 없어 붕대를 감고 결혼식에 참석하였다.

간디는 아버지가 다친 것도, 결혼도, 별로 심각하게 생각하지 않았다. 그냥 멋진 옷을 입고 맛있는 음식을 먹는 것이 좋았다. 결혼 행진도 신나고 신부가 된 카스투르바이와 노는 것도 즐거웠다.

결혼을 했다고 해서 갑자기 어른이 되는 것은 아니다. 간디는 여전히 어두우면 무서웠다. 침대맡에 등을 켜 두지 않으면 잠을 못 잤다. 귀신도 튀어나오고 도둑도 들어올 것 같고 심지어 뱀까지 간디를 노리는 것 같았다. 간디는 그런 자신의 모습이 부끄러웠다.

그러다 보니 간디는 키가 크고 힘이 센 아이들을 부러워했다. 둘째 형의 친구인 메타브는 바로 그런 사람이었다.

"난 고기를 먹기 때문에 힘이 세고 두려움이 없는 거야. 손으로 산 뱀도 잡을 수 있고 도둑과 맞서 싸울 수도 있어. 귀신이 어디 있다고 무서워하는 거야!"

메타브의 말을 듣고 간디는 몰래 고기를 먹었다. 간디의 집에서 믿는 비슈누교에서는 고기를 먹는 것을 금하고 있었다. 둘째 형은 간디보다 먼저 육식주의자가 되어 있었다. 처음으로 염소 고기를 먹었는데 가죽처럼 질길 뿐 맛이 없었다. 그 후로 메타브에게 끌려 일 년 동안 고기를 정기적으로 먹었지만 몸집도 좋아지지 않았고 힘도 세지지 않았다.

"부모를 속이는 것이 더 나쁜 것 같아. 이제부터 고기를 먹지 않을 거야. 부모님이 살아 계신 동안에는 고기를 절대 먹지 않겠어."

간디는 메타브에게 이렇게 말하고 고기를 끊었다. 하지만 형은 계속 고기를 먹는 바람에 빚을 지게 되었다. 간디는 형의 황금 팔찌에서 몰래 한 조각을 떼어 내어 그 빚을 갚았다. 고기도 먹고 도둑질도 하다니……. 간디는 너무 괴로웠다. 아버지에게 고백하려고 하였지만 용기가 나지 않아 결국 글로 써서 보여 드렸다.

저에게 벌을 내려 주세요.
제발 저의 잘못을 아버지의 탓으로 여기지 말아 주세요.
앞으로 다시는 그런 일이 없도록 하겠어요.

그때 아버지는 몸져 누워 있었다. 아버지는 침대에서 힘겹게 몸을 일으켜 편지를 읽더니 눈물을 뚝뚝 흘렸다. 그 모습을 보니 간디는 마음이 찢어지는 것 같았다. 아버지가 사랑으로 온전히 자신을 용서한다는 것을 알 수 있었다.

간디는 어릴 때, 엄청 장난꾸러기였고 가끔 나쁜 짓도 하였다. 하지만

부모님의 사랑과 종교적 영향 속에서 서서히 어떻게 살아야 할지를 생각하게 되었다.

"도덕성이 가장 중요하다. 악을 선으로 갚아야 한다."

이 말씀을 언제나 잊지 않았다.

 남아프리카에서 보낸 청년 시절

"앞으로 무엇을 할까?"

가족들과 논의 끝에 법률을 공부하러 영국으로 가기로 했다. 아버지도 돌아가신 뒤라 신앙심이 깊은 어머니는 간디가 잘못될까 봐 반대하였다. 간디는 신앙을 지키기 위해 고기를 먹지 않겠다는 약속을 하였다.

영국에서 고기가 들어가지 않은 음식을 먹는다는 것은 참 어려운 일이었다. 다행히도 간디는 채식주의자를 위한 식당을 찾을 수 있어 그 맹세를 지킬 수 있었다. 간디는 영국에서 법률뿐만 아니라 정치와 종교에 대해서도 많은 공부를 했다.

영국에서 공부하는 동안 어려움도 많았지만 간디는 무사히 공부를 마치고 다시 인도로 돌아와 변호사가 되었다. 첫 재판이 있는 날이었다. 열심히 준비를 했지만, 법정에서 너무 긴장이 되어 몸이 떨렸다. 변론을 시작하려고 자리에 섰는데, 아무 생각도 나지 않았다. 제대로 말도 못하고 간디는 법정을 뛰쳐나오고 말았다. 이 일이 소문이 나서 이후에 아무도 간디에게 소송을 맡기지 않았다. 둘째 아들도 태어났는데 일이 들어오지 않으니 살길이 막막했다.

파리만 날리고 있는 변호사 동생을 지켜보던 형이 말했다.

"인도에서는 자리를 못 잡을 것 같으니 남아프리카로 가 보면 어떻겠니? 남아프리카의 한 회사에서 변호사가 필요하대."

간디는 아내와 두 아들을 남겨둔 채 새로운 대륙 남아프리카로 떠났다. 그 당시 남아프리카에는 사탕수수 농장이나 광산에서 일하기 위해 계약 노동자로 온 인도인들이 있었다. 그곳에서 일하는 인도인들은 심한 인종 차별에 시달리고 있었다.

남아프리카에 가서 처음 법정에 섰을 때였다. 그때는 그렇게 떨지 않고 잘할 수 있었다. 그런데 법정에 섰을 때, 터번을 벗으라고 했다. 터번은 수건을 머리에 둘러 감는 것으로 모자 같은 것이다. 백인이 관할하는 법정에서는 이슬람교도만 터번을 쓸 수 있다는 것이었다. 간디는 남아프리카에서 인도인이 받는 차별을 서서히 경험하기 시작했다.

한번은 일 때문에 트란스발의 프리토리아로 가는 기차를 타고 가는데, 역무원이 갑자기 간디를 보고 삼등 칸으로 가라고 했다. 기가 막혀서 그 역무원에게 따져 물었다.

"난 일등 칸 차표를 샀는데, 왜 삼등 칸으로 옮기라는 거요?"

"백인 승객들에게 불쾌감을 줄 수 있기 때문에 인도인은 일등 칸에 탈 수 없소."

백인이 아니라는 이유로 호텔에서도 쫓겨나서 허름한 민박집에 묵어야 했던 적도 있었다. 직접 당해 보니 이곳이 얼마나 인종 차별이 심한 곳인지 실감할 수 있었다.

간디는 프리토리아에서 인도인 모임을 열었다. 이 모임에서 간디는 처음으로 연설을 하였다. 사업에 있어서 진실해야 한다는 것과 남아프리카에서 인도인이 당하는 차별에 맞서 협의회를 만들자는 것이었다.

간디는 남아프리카에서의 일이 잘 마무리되자 인도로 돌아가려 했다. 떠나기 전날 열어 준 송별회에서 간디는 놀라운 신문 기사를 보았다. 영국이 인도인의 선거권을 빼앗는 법안이 제출되었다는 것이었다.

"우리의 자존심을 지킵시다. 인도인 대표단을 파견해 항의합시다."

"당신이 우리를 이끌어 준다면 우리도 싸우겠습니다."

간디는 남아프리카에 남기로 결정하고 인도인들과 함께 '나탈 인도 국민 회의'를 만들었다. 그리고 가족을 데리러 인도로 떠났다.

간디는 인도에 머무르는 동안 남아프리카의 상황에 대해 연설을 하였다. 그 연설 내용이 남아프리카 신문에도 고스란히 실렸다.

남아프리카의 백인들은 신문을 보고 화가 나 있었다. 인도에서 떠난 배가 남아프리카에 도착했을 때, 분노에 찬 남아프리카 백인들 무리가 항구에 있었다. 동행한 사람들이 위험하니 간디에게 배에 남아 있다 나중에 내리라고 했다.

"그들의 공격이 무섭다고 비겁하게 피할 수는 없어요."

간디는 환한 대낮에 배에서 내렸다. 야유를 퍼붓는 사람들에게 주먹질도 당했지만, 간디는 자신을 공격한 사람들을 용서하기로 했다.

간디가 남아프리카에서 활동하는 동안 전쟁이 일어났다. 간디는 전쟁은 반대했지만, 인도인 구급대를 만들어 수많은 영국군 병사들의 목숨을 구했다. 간디는 남아프리카에 있는 동안 어떻게 살 것인가를 깊이 생각하던 중에 존 러스킨이 쓴 『이 마지막 사람에게』란 책을 읽게 되었다.

'사람은 더 많은 부가 아니라 더 소박한 즐거움, 더 큰 행운이 아니라 더 깊은 행복을 추구해야 한다. 가치 있는 삶은 노동하는 삶이다.'

간디는 그 글귀에 큰 깨달음을 얻었다.

간디는 그 말을 실천하기 위해서 더반 교외에 땅을 사서 '피닉스 정착촌'을 세웠다. 이곳은 인종이나 종교를 다 떠나서 서로 어울려 소박하게 사는 곳이다. 여기에 살기 위해서는 정직, 금욕, 비폭력, 용기, 장신구 없이 옷 입기, 개인의 소유물 포기하기 등의 규칙을 지켜야 했다. 또한 날마다 몸을 써서 일하는 공동체 생활에 참여해야 했다.

1903년, 간디는 트란스발의 요하네스버그에 법률 사무소를 열었다. 주로 정부를 상대로 소송을 제기한 인도인들을 대변하는 일을 하였다.

그런데 1906년에 심각한 일이 일어났다. 트란스발 주정부에서 8세 이상의 인도인들은 모두 당국에 등록하고 지문을 찍은 후 증명서를 발급받아야 한다는 법안을 제출한 것이다. 인도인들은 항상 증명서를 휴대해야 하고, 경찰은 길거리나 심지어 집에까지 마구 들어 와 인도인을 심문할 수 있다는 법이었다.

간디는 이 조치에 항의하기 위해서 인도인 집회를 열었다.

"주정부의 법안이 법률로 제정된다고 해도 따르지 맙시다. 이 일 때문에 법정에 가야 하고 감옥에 갇히게 될지도 모릅니다. 하지만 그들의 폭력에 폭력으로 맞서지 말고, 부당한 법만 어기도록 해야 합니다."

간디는 운동을 시작하기 전에 이 운동에 걸맞은 이름을 붙이면 좋겠다는 생각이 들었다. 그래서 이 운동의 이름을 '사탸그라하'라고 정했다. '사탸그라하'는 '진리를 주장한다.'는 뜻이다. 진리의 힘은 깊은 도덕심과 종교 의식에서 나오기 때문에 폭력 같은 물리적인 힘이 들어가서는 안 된다. 사탸그라하 운동은 언제나 비폭력적이어야 했다.

이 운동에는 많은 인도인들이 동참했다. 몇 천 명이 감옥에 갇히기도 했다. 간디도 수차례 감옥에 갇히는 일을 겪었다. 이러한 노력과 투쟁 끝에 사탸그라하 운동은 승리를 거두었다. 모든 인도인에 대한 차별을 철폐하기로 남아프리카 총독과 협정을 맺게 된 것이다.

남아프리카에서 사탸그라하 운동이 승리를 거둔 후, 간디는 조국 인도에 돌아가기로 결정했다. 1915년 1월이었다.

인도에서 영국 정부에 대항한 시절

인도에 도착하던 날 간디는 수많은 사람들에게 환영을 받았다. 남아프리카에서 한 일이 인도에도 알려졌기 때문이었다.

인도에 도착하자마자 간디는 여행을 떠났다. "인도 정계에 들어가지 말고 두 귀는 활짝 열고 입은 다문 채 인도의 곳곳을 다니라."고 한 친구의 충고를 받아들여서이다. 늑막염을 앓고 난 후라 건강이 좋지 않았지만, 가난한 사람들이 타는 삼등 칸을 타고 여행을 하기로 하였다. 가난한 동포들이 어떻게 살고 있는지 꼭 보고 싶었기 때문이다. 여행하는 동안 간디가 마주한 동포의 모습은 처참했다. 굶주려서 누렇게 뜬 얼굴들, 학교에 다니기는커녕 먹을 것을 찾아 거리를 헤매고 있는 아이들.

간디는 여행에서 돌아와 어려운 사람들이 같이 살 수 있는 사탸그라하 아슈람을 만들었다. 함께 농사짓고, 함께 공부하는 영적 공동체였다. 이 공동체에 불가촉천민도 받아들였다.

인도에는 카스트라는 신분 계급 제도가 있다. 불가촉천민은 최하층에도 속하지 않는, 접촉할 수 없는 천민으로 노예보다 못한 가장 낮은 신분의 사람들이다. 불가촉천민은 가장 비천한 일을 했고 일반 사람들과는 따로 떨어져서 비참하게 살아야 했다.

"꼭 불가촉천민까지 받아들여야 됩니까?"

불만을 가진 사람들도 많았다.

"우리 민족끼리도 이렇게 심하게 차별하면서 우리를 차별하지 말라고 할 수 있겠습니까?"

간디는 불가촉천민을 '신의 아들'이란 뜻의 '하리잔'이라고 불렀다.

간디는 모든 운동에서 폭력을 쓰지 않았다. 모든 사람이 같은 의견을 가질 수는 없지만 모든 사람이 비폭력적일 수는 있다고 생각하였다. 그래서 영국 정부에 어떤 요구를 할 때도 비폭력 운동을 펼쳤다.

1919년, 영국 정부는 인도인에게 부당한 법을 통과시켰다. 간디는 기도와 단식과 시위 행진을 하자고 했다.

"가게는 문을 닫고 학교에 가는 것도 거부합시다."

간디의 외침에 모든 인도인이 한 뜻이 되었다. 점점 시위가 거세지자 영국 정부는 행진과 집회를 못하게 막았다. 하지만 시위는 계속되었다. 영국 장교는 암리차르 공원에서 열리는 집회를 막기 위해 군대를 보내 총을 쏘아 댔다. 그곳에서 인도인 수백 명이 죽고 수천 명이 다치는 끔찍한 일이 벌어졌다. 간디는 영국 정부를 향해 이렇게 부르짖었다.

"암리차르에서 벌어진 일은 대학살이다. 너무나 많은 인도인들이 죽었다. 이제 영국에 대한 신뢰는 무너졌다. 영국에서 독립하는 것이 우리의 목표이다."

그다음 해, 간디는 인도 자치 동맹 의장이 되었다. 간디의 영향력은 점점 커져 갔다. 간디는 인도 사람들에게 호소했다.

"영국의 지배를 거부합시다."

영국 정부에서 일하던 수천 명의 인도인들이 일자리를 떠났다. 영국에서 받은 훈장과 포상도 반납했다. 영국에서 들여온 옷감과 옷을 불사르고 직접 손으로 옷감을 짜서 옷을 지어 입기도 하였다.

간디는 조금 더 범위를 넓혀서 '세금 안 내기 운동'을 계획했다. 하지만 시작하기도 전에 폭력을 쓰는 일이 벌어졌기 때문에, 간디는 사탸그라하에 맞지 않는 운동을 중지했다. 영국에서는 간디를 선동죄로 체포하여 감옥에 가두었지만 그런 일로 뜻을 꺾을 간디가 아니었다.

간디가 입고 있는 소박한 옷에는 나름대로 의미가 있다. 간디도 한때는 영국 사람들처럼 양복을 입고 넥타이를 맸다. 그러다가 1913년부터 무릎까지 내려오는 하얀 작업복을 입었다. 사탸그라하 운동을 하다가 죽은 인도인들을 위해 서양식 옷은 안 입겠다고 마음을 먹은 것이다. 점점 간디의 옷은 단순해졌다. 하얀 무명천으로 만든 허리 감개만 두르고 샌들만 신은 차림이었다. 머리는 삭발하였다.

간디가 이렇게 옷을 입는 것은 영국의 지배에 반대한다는 의지의 표현이었다. 영국에서 기계로 만든 옷이 들어오면서 인도의 농촌에서 손으로 짠 옷감이 설 자리를 잃었다. 더 이상 옷감을 짜지 않게 되면서 인도인들은 영국 옷을 점점 더 비싸게 사 입게 되었기 때문이다.

"양복을 불태워 버리고 하루에 한 시간 동안은 물레질을 해서 실을 뽑아 천을 만드십시오."

간디의 연설에 호응하는 사람들은 그 자리에서 입고 있던 영국산 옷을 벗어 쌓아 놓고 불을 지르곤 했다.

간디도 직접 물레질해서 만든 옷만 입었다. 하루에 몇 시간씩 물레질을 하면서 앞으로의 행동 계획에 대해 생각했다. 하루에 200야드(약 183미터)

의 실을 만들기 전에는 잠을 자지 않았다. 길쌈은 인도가 영국으로부터 완전한 독립을 이루기 위한 상징이 되었다.

1930년, 간디는 아마다바드의 아슈람을 출발해서 인도양 연안의 단디로 향했다. 바닷가에서 소금을 채집하기 위해서였다. 길쌈과 더불어 소금이 중요했던 것은, 영국 정부가 인도 사람들은 소금을 만들지 못하게 법을 만들었기 때문이다.

소금 행진은 길쌈과 마찬가지로 영국에 대한 저항을 상징적으로 보여 주는 것이다. 바닷가에 가서 소금 한 덩어리 집어 드는 게 무슨 도움이 되겠냐고 공격하는 사람들도 있었지만 간디는 과감하게 소금 행진을 시작했다.

간디가 천천히 걸어가는 동안 많은 사람들이 모여들었다. 단지 바닷가를 향해 걸어가고, 소금을 집어 드는 것이 단순한 행동처럼 보이지만, 그 영향력은 매우 컸다.

'수백만 명이 스스로 소금을 만들고 영국산 옷을 불태울 것이다. 여자들도 소금 행진 이후 처음으로 항의 시위에 가담했다. 소금 행진의 메시지는 전 세계에 보도될 것이다. 난 앞으로도 비폭력 운동을 할 것이다.'

단정하게 앉은 간디의 몸 위로 창 틈으로 들어온 햇살이 서서히 내려앉고 있었다.

마하트마 간디의 삶을 다시 한 번 따라가 볼까요.

마하트마 간디
(1869~1948)

1891년 22세
영국에서 변호사 시험에 합격하고 인도로 돌아왔다.

1893년 24세
남아프리카로 갔다. 더반에서 인종 차별 반대 투쟁 단체를 조직했다.

1894년 25세
나탈 인도 국민 회의를 만들었다.

1869년 　 1880년 　 1890년

1869년
10월 2일, 인도의 포르반다르에서 막내로 태어났다.

1882년 13세
카스투르바이와 결혼하였다.

1888년 19세
법률을 공부하기 위해 영국으로 갔다.

1948년

79세
힌두교도와 이슬람교도의 싸움을 막기 위해 단식을 하였다. 1월 30일, 힌두교 광신교도에 의해 뉴델리에서 암살당하였다. 〈간디는 '당신을 용서한다.'라는 뜻으로 이마에 손을 대고, "아, 신이시여!" 하고 속삭이면서 숨을 거두었다.〉

1999년

4월 18일, 미국의 뉴욕 타임스는 지난 1천 년간의 최고의 혁명으로 영국의 식민 통치에 저항한 간디의 비폭력 무저항 운동을 선정하였다.

1915년 46세
인도로 돌아와 아마다바드에 협동 농장 '아슈람'을 세웠다.

1917년 48세
참파란에서 인디고 재배자들을 위해서 사탸그라하 운동을 벌였다.

1919년 50세
영국 상품 불매 운동을 벌였다.

1900년

1903년 34세
남아프리카에 법률 사무소를 열었다.

1906년 37세
남아프리카 정부의 인종 차별적인 '아시아 인 등록법'에 반대하는 운동을 벌였다.

1910년

1940년

1942년 73세
인도의 독립운동을 이끌었다.

1944년 75세
62년 동안 함께했던 아내 카스투르바이가 감옥 안에서 숨을 거두었다.

1946년 77세
영국이 인도의 독립을 승인하고 인도와 파키스탄으로 나뉘어 독립하였다.

1930년

1930년 61세
'소금법'에 반대하는 소금 행진을 하였다.

1920년

1922년 53세
인도의 문호 타고르로부터 '마하트마(위대한 영혼)'라고 칭송한 시를 받았다.

신분 차별

신분이 다른 사람과 결혼하면 안 돼요?

예전에 인도의 바라나시에서 관광객에게 물건을 파는 일을 하던 청년이 있었어요. 청년은 어느 날, 친척집에 놀러온 한 여자를 만났어요. 청년은 그녀와 사귀고 싶었어요. 그녀도 청년이 좋았어요. 그녀는 집으로 돌아갔고 둘은 전화로 사랑을 더욱 키워갔어요. 방학 때가 되면 그녀가 청년을 만나러 바라나시로 왔어요.

하지만 그녀의 집안에서는 두 사람이 사귀는 것을 절대 허락하지 않았어요. 그녀의 집안은 카스트에서도 가장 높은 브라만이었는데 남자는 불가촉천민이었기 때문이

브라만(사제)
크샤트리아(무사, 귀족)
바이샤(평민)
수드라(노예)
불가촉천민

에요. 부모는 그녀를 때리기도 하고 밖에 못 나가게 감시했어요. 그녀는 몰래 집을 빠져나왔고 둘은 결혼을 했어요. 이를 안 여자의 부모는 자신의 딸을 납치했다고 청년을 고소했어요. 청년은 2년간 감옥에 갇혀 있어야 했지요.

감옥에서 청년이 나온 후에도 둘은 여전히 사랑했어요. 그녀는 중단했던 대학 공부를 다시 하려고 했지요. 청년은 그녀의 꿈을 이루어 주고 싶어서 열심히 일을 했어요. 하지만 그녀의 가족은 여전히 둘을 인정하지 않았어요.

감옥에 가면서까지 사랑하는 사람을 지켜 낸 용감한 인도 부부의 사연은 참 가슴 뭉클했어요.

하지만 인도에서는 신분이 다른 사람과 결혼하면 위험할 수도 있어요.

인도 남부 타밀나두 주에서 자신보다 높은 카스트의 여성과 결혼한 불가촉천민 출신의 남성이 죽임을 당한 사건도 있었어요.

상카르는 자신보다 신분이 높은 카스트인 테바르 출신의 카우살리아와 같은 대학교에서 만나 가족의 반대를 무릅쓰고 결혼했어요. 그러자 카우살리아의 부모와 친척들이 찾아와 카우살리아를 데려가려 했어요. 카우살리아는 이를 거부했지요. 어느 날, 부부는 거리를 걷다가 흉기를 든 3명의 남성으로부터 공격을 받았어요. 카우살리아 집안 사람이었어요. 대낮이었고, 주변에 사람들도 있었지만 아무도 도와주지 않았어요. 상카르는 바로 숨지고, 카우살리아도 큰 부상을 입었지요.

다른 신분의 사람과 결혼할 경우 가족의 명예를 더럽혔다고 여겨 '명예 살인'을 저지른 거예요. 인도 대법원은 2011년, 명예 살인을 저지른 자는 사형에 처해질 것이라고 경고했어요.

  하지만 국제 연합은 인도뿐 아니라 전 세계에서 해마다 수천 건의 명예 살인이 아직도 일어난다고 보고했어요.

 **불평등 줄이기**

현재 인도에서 불가촉천민들에 대한 차별은 헌법상으로 금지되어 있어요. 하지만 뿌리 깊은 신분 차별 의식은 여전히 남아 많은 불가촉천민이 고통스럽게 살아가고 있지요.

우리나라는 헌법에서 신분에 따른 차별을 인정하지 않을 뿐더러 실제로 인도처럼 드러나는 신분 차별은 없어 보여요. 하지만 부모의 재산이 많거나 부모의 높은 지위를 이용하여 부당하게 혜택을 누리는 사람이 있어요. 이것은 또 다른 형태의 신분 차별이에요.

두 신문의 경쟁, 누가 이길까?

"노란 아이를 그리던 만화가도 뉴욕 저널로 가 버렸습니다."
한 직원의 보고에 퓰리처는 화가 나서 얼굴이 확 달아올랐다.
"뭐야! 우리 신문을 베끼는 것도 모자라 직원들을 다 빼 가!"

노란 아이는 『뉴욕 월드』의 일요판인 『선데이 월드』 '호건의 골목길'에 나오는 만화의 주인공이었다. 잠옷 같은 노란색 옷을 입고 있어서 '노란 아이'라 불렸다. 노란 아이는 독자들에게 엄청 인기가 많았다.

퓰리처는 두통이 심해졌다. 눈이 빠질 것처럼 아팠다. 의사는 안정을 취해야 한다고 했지만 도무지 그럴 여유가 없었다. 『뉴욕 저널』은 『뉴욕 월드』를 따라잡겠다고 신문 값도 반으로 내리고 『뉴욕 월드』의 직원들도 월급을 더 주어 빼내 가더니 『뉴욕 월드』의 상징적인 만화를 그리던 작가

마저 데려갔다.

골치 아픈 일이지만 빨리 해결 방법을 찾아야 했다. 퓰리처는 미술 담당자를 불렀다.

"노란 아이에 대해서는 우리 신문사에도 권리가 있어. 노란 아이의 쌍둥이를 만들어 내게."

며칠 후, 노란 아이는 양쪽 신문에 다 실렸다.

퓰리처는 지고 싶지 않았다. 건강을 해칠 정도로 열심히 일해서 신문사를 이만큼 발전시킨 것이다.

퓰리처는 자신이 태어난 헝가리를 떠나 미국에 처음 도착했을 때부터, 처음 신문 기사를 작성하던 날, 그리고 『뉴욕 월드』 신문이 가장 많은 부수를 발행하기까지의 장면을 떠올렸다. 마치 바로 앞에 놓인 신문 1면의 중요 기사를 보는 듯 생생한 느낌이었다.

 ## 헝가리를 떠나 미국에 정착하다

퓰리처는 어렸을 때부터 몸이 약한 편이었다. 그래서 집 안에서 조용히 책을 읽는 걸 좋아했다. 퓰리처의 집은 곡물상을 하는 부유한 집안이어서 아버지가 가정 교사를 두고 퓰리처가 공부에 전념할 수 있게 했다. 덕분에 퓰리처는 독일어, 프랑스어도 잘하고 많은 것을 배울 수가 있었다.

그런데 퓰리처가 열한 살 때 아버지가 심장병으로 세상을 떠나고 말았다. 그 후 가정 형편이 어려워지자 어머니는 재혼을 했다.

새아버지는 만날 방에 틀어박혀 책만 읽는 퓰리처를 못마땅해했다. 퓰리처도 새아버지가 마음에 들지 않았다. 돌아가신 아버지 생각도 나고 마음이 불편했기 때문이다. 그러다 보니 새아버지랑 큰 소리로 다투는 일이 잦아졌다.

퓰리처와 새아버지 사이에서 힘들어하는 어머니를 보고 퓰리처는 큰 결심을 했다.

"어머니, 집을 나가겠어요."

"얘야, 집을 나가 어떻게 살겠다고 그러는 거냐? 혼자 생활하기에는 넌 아직 어린 나이야."

"열일곱 살이면 독립해서 살 수 있어요. 군인은 별다른 기술이 없어도 할 수 있대요."

어머니는 마지못해 허락했고 퓰리처는 집을 떠났다. 오스트리아, 프랑

스, 영국 등에 가서 입대 신청서를 냈다. 하지만 앙상하게 마르고 키만 큰데다 시력까지 안 좋았던 퓰리처는, 가는 곳마다 불합격 통지를 받았다.

그러던 어느 날, 미국이 남북 전쟁에 참가할 군인을 모집한다는 소리를 듣게 되었다. 퓰리처는 갖은 고생을 겪은 끝에 미국에 도착했고, 결국 군인이 되어 남북 전쟁에 참전했다.

1865년, 남북 전쟁이 끝나고 군인의 직업을 잃은 뒤, 퓰리처는 살 곳을 정해야 했다. 이렇게 해서 퓰리처는 미국에 살게 되었다.

그 당시 미국에는 퓰리처처럼 일자리가 없어 헤매는 사람들이 넘쳐 나고 있었다. 퓰리처는 영어도 서툴러 제대로 말도 못했다. 끼니를 때우지 못하는 날이 많았고, 방을 구하러 가면 더러운 이민자라고 쫓겨났다. 거리에서 쪼그려 잠이 드는 날이 많았다.

"어유, 추워."

퓰리처가 배고픈 것도 참고 겨우 잠든 어느 날이었다. 너무 추워서 저절로 잠이 깼다. 덮고 있던 외투가 없어졌다. 자는 사이에 누군가가 외투를 벗겨 가 버린 것이다. 그렇게 힘든 하루하루였지만 퓰리처는 희망을 버리지 않고 직장을 찾기 위해 끊임없이 노력하였다.

어느 날, 퓰리처는 세인트루이스에 일자리가 있다는 소리를 듣고 유일한 재산인 비단 손수건을 팔아서 여비를 마련했다. 하지만 세인트루이스에 가서도 일자리를 구하기는 쉽지 않았다. 그는 선원 생활도 하고, 부두에서 짐도 나르고, 말도 돌보고, 식당에서도 일하는 등 닥치는 대로 일을 했다. 하루에 두 군데서 16시간을 일할 때도 있었다. 정신없이 바빴지만 도서관에서 하루에 4시간씩 열심히 영어 공부를 했다. 영어를 잘해야 더 좋은 직장을 얻을 수 있기 때문이었다. 잠은 4시간 정도나 잤을까……. 시간만 나면 도서관에 가서 책을 읽었다. 그때 도서관 사서인 우도 씨가 영어를 가르쳐 주었고 둘은 친한 친구가 되었다.

어느 날, 한 중개인이 퓰리처에게 말했다.

"자네, 루이지애나로 가서 일해 보지 않겠나? 사탕수수 농장에서 사람이 필요하다는데. 나에게 5달러를 주면 갈 수 있도록 주선해 주지."

"정말이죠? 여기 5달러, 제 전 재산이에요."

퓰리처는 40여 명의 사람들과 함께 루이지애나에 도착했다. 그러나 그들이 일할 농장이 보이지 않았다.

"이럴 수가……. 중개인이 우리를 속인 거예요!"

퓰리처는 너무 실망해서 털썩 주저앉고 말았다.

속은 것이 분하기도 하고 어떻게 해야 할지 몰라 우왕좌왕하고 있을 때, 한 사람이 퓰리처에게 다가왔다.

"저는 『베스틀리헤 포스트』 신문의 기자인데 인터뷰를 할 수 있겠습니까?"

"영어가 서툴러서요. 독일어라면 잘 쓸 수 있어요."

퓰리처는 일어났던 일을 상세하게 써 주었다. 그렇게 퓰리처가 쓴 글이 신문에 실리고 관심을 끌었다. 그리고 얼마 후, 신문사의 공동 소유주가 퓰리처를 수습 기자로 쓰겠다고 했다. 꿈만 같은 일이었다.

 칼날 기자란 별명을 얻다

퓰리처는 수습 기자가 된 뒤, 사건이 생기면 바로 현장으로 달려갔다. 그리고 꼼꼼하게 취재를 해서 기사를 썼다.

로즈라인 서점에 강도 사건이 났을 때였다. 취재하러 가는 퓰리처에게 선배 기자가 말했다.

"거기 현장에 가면 유명한 신문 기자가 있을 거야. 그 사람의 말을 잘 듣고 쓰기만 해도 쓸 만한 기사가 되니, 명심하게."

퓰리처는 현장에서 유명한 신문 기자를 찾아 의견을 물었다. 그는 말했다.

"서점 근처에 있었던 한 남자가 당연히 범인이오."

하지만 퓰리처가 서점 주변에 있던 사람들의 말을 들어 보니, 서점 근처에 있던 남자가 범인이라기엔 미심쩍었다. 퓰리처는 서점 주변 사람들에게 사건에 대해 꼬치꼬치 캐묻고 다녔다. 퓰리처는 그 유명한 기자의 말을 따르지 않고 직접 취재한 내용을 바탕으로 기사를 썼다. 범인은 다른 사람으로 곧 밝혀졌고 그 덕분에 신문이 날개 돋친 듯이 팔려 나갔다.

1866년, 세인트루이스에 전염병이 돌았다. 그때, 퓰리처는 기록 책임자가 되어 아스널 섬에 가게 되었다. 성실하게 기록하면서 퓰리처는 한 가지 사실을 깨달았다.

'가난하고 힘없는 사람들은 피해를 받아도 제대로 법의 보호를 받을 수가 없다. 그들을 변호하는 게 그들을 도울 수 있는 방법이야.'

퓰리처는 1년 동안 공부를 해서 변호사 시험에 합격했다. 하지만 나이도 어리고, 이민자이기 때문인지 찾아오는 사람이 없었다. 결국 변호사란 직업을 그만두어야 했다.

'다시 기자가 돼야겠다. 기사는 이민자가 썼다는 편견을 가지고 보지는 않을 테니까…….'

퓰리처는 도서관에 가서 기자가 되기 위한 공부를 했다. 그러던 어느 날, 도서관의 한 곳을 지나다가 체스를 두고 있는 사람들을 보게 되었다.

"구경만 하지 말고, 나랑 한 판 두지 않겠소?"

그래서 퓰리처는 한 사람과 체스를 두게 되었다. 그 사람은 체스를 두는 사이, 이것저것 질문을 했다. 퓰리처는 성실하게 대답했다.

사실 퓰리처는 어렸을 때 할아버지에게 체스를 배웠는데, 꽤 잘하는 편이었다. 실력이 녹슬지 않았던지 상대방을 쉽게 이길 수 있었다.

"허, 체스도 잘하고 이야기를 들어 보니 훌륭한 젊은이로군요. 『베스틀리헤 포스트』의 수습 기자였다고요? 나는 『베스틀리헤 포스트』의 또 다른 소유주요. 아무래도 인연인가 보오."

얼마 후 퓰리처는 정식 기자가 되었다.

정식 기자가 된 뒤부터 퓰리처는
엄청난 양의 기사를 써 냈다.
종이와 펜을 손에 쥐고 매일
거리에 나가 취재를 했다. 그는
아무리 사소한 것이라도 직접
찾아가서 여러 사람의 이야기를
듣고 기사를 썼다. 사람들은

꼬치꼬치 캐묻고 다니는 퓰리처를 '칼날 기자'라고 불렀다.

"퓰리처, 당신의 열의와 능력에 정말 놀랐소. 이번에 제퍼슨 시티에서
열리는 주 의회를 취재해 보시오."

발행인이 퓰리처에게 말했다.

주 의회에는 초대된 신문 기자만 들어갈 수 있었다. 하지만 퓰리처는
들어가지 못하도록 가로막는 사람들을 제치고 들어가 그 회의를 취재하
여 보도했다.

퓰리처는 '공적으로 높은 자리에
있는 사람들이 함부로 권력을
휘두르는 것은 옳지 않다.'고 여겼다.
그래서 그런 사건들을 기사로 써서 보도하는 게
좋았다. 사회에 영향을 미칠 만한 문제나 부정부패를
파고들어 과감한 기사를 썼다. 점점 『베스틀리헤 포스트』 신문의

인기는 높아졌고 퓰리처도 유명해지게 되었다.

1869년에는 신문 기자였던 퓰리처에게 특별한 일이 생겼다. 퓰리처는 취재를 위해 공화당 회의에 참석했다. 그런데 공화당에서 선거에 마땅히 내보낼 인물이 없자, 주변 사람들이 공화당의 후보로 퓰리처를 추천했다. 얼떨결에 의원 후보가 된 퓰리처는 온 힘을 다해 발로 뛰며 선거 운동을 했고, 그 결과 다음 해 미주리 주의 상원 의원에 당선되었다.

퓰리처는 정치 활동을 그만둔 뒤에 워싱턴으로 이사했다. 거기서 대통령 선거 취재 때 봤던 케이트 데이비스 양을 우연히 만났다. 이야기가 잘 통했고 자주 만나면서 퓰리처는 그녀를 사랑하게 되었다. 퓰리처는 케이트에게 청혼을 했다. 케이트의 아버지는 부유한 법률가였는데, 퓰리처를 못마땅하게 여기며 결혼을 반대했다. 하지만 둘은 어려움을 이겨 내고 작은 교회에서 소박한 결혼식을 올렸다.

 부정부패를 폭로하고 여론을 이끄는 신문사

1878년 12월에 퓰리처는 『세인트루이스 디스패치』 신문사를 사들이고, 『이브닝 포스트』를 합병하여 『세인트루이스 포스트-디스패치』 신문을 만들었다.

퓰리처는 재산세를 공정하게 내지 않는 부자들을 신문에서 다루었다.

> ### 세 금 회 피
> 루카스는 세인트루이스의 최고 부자이다.
> 그러나 그의 납세 신고서를 보면 재산이 한 푼도 없다!

이 기사가 나가자 부자들의 불만의 목소리가 커졌다.

"감히 우리를 건드려. 흥, 우리가 신문에 광고를 싣지 않으면 곧 망하고 말걸."

부자인 광고주들은 광고를 철회했다. 그래도 퓰리처는 하루도 빠지지 않고 의심이 가는 납세 신고서를 계속 신문에 실었다. 세금을 잘 내는 가난한 사람들의 것도 실었다.

"부자들이 개인 재산을 거짓으로 신고해 세금을 내지 않기 때문에 중산층이 더 많이 내고 심지어 빈민층까지 그 틈을 메웁니다. 여기에 실린 가난한 사람들의 납세 신고서를 보십시오."

자신을 비난하는 사람들에게 퓰리처는 당당하게 말했다.

퓰리처는 경찰 위원회의 위원으로 임명된 두 남자가 불법 도박 조직과 연루되었고, 그 둘의 잘못을 파헤치고자 청문회를 연다는 소식을 들었다. 좋은 기삿거리였지만 청문회는 언론의 출입을 막고 비밀스럽게 진행하였다.

"제가 아는 사람 중에 비밀 청문회가 열리는 호텔 방 바로 옆방에서 병원을 하는 의사가 있습니다. 몰래 숨어 있게 해 달라고 하겠습니다."

신문사 직원의 계획에 따라 한 기자가 그곳에 숨어서 청문회를 엿들었다. 몸의 위치를 바꾸기도 힘든 아주 좁은 곳이라 필기는 도저히 할 수 없었다. 그 기자는 들은 것을 기억해 청문회 내용을 거의 그대로 적었다. 청문회가 끝나기도 전에 청문회 내용이 실린 신문이 나왔다. 비밀이 새어 나간 것을 안 위원장은 신문을 보고 감탄을 했다.

"내 비서보다 더 완벽하게 기록했군!"

청문회 기사가 나간 뒤부터 『세인트루이스 포스트-디스패치』에 대한 찬사가 끊이지 않았다. 퓰리처는 말했다.

"이런 기사들이 신문에 나가야 사람들이 신문에 폭로되는 것이 두려워 함부로 잘못을 저지르지 않는다. 신문은 범죄와 못된 짓들, 부도덕한 행위 등을 예방할 수 있다."

퓰리처는 불법 도박 조직을 폭로했다. 미주리 주는 2년 뒤 도박을 중죄로 정했다. 파산한 보험 회사가 조직적으로 돈을 주지 않았다는 기사도 실었다. 주 의회는 그 뒤 보험 회사를 규제하는 더 강력한 법을 만들었다. 퓰리처는 사무실을 오가면서 본 진흙 웅덩이, 부족한 공원에 대해서도 신문에 실었다. 신문에 기사가 실리면 시 당국은 해결책을 내 놓아야 했다.

신문의 인기는 나날이 높아갔다. 그럴수록 퓰리처를 향한 협박도 늘어났다. 퓰리처는 보호 목적으로 총을 가지고 다녔다.

퓰리처는 카커릴을 『세인트루이스 포스트–디스패치』의 편집국장으로 세웠다. 여유가 생긴 퓰리처는 신문을 카커릴에게 맡기고 가족과 휴가를 떠났다.

하지만 퓰리처가 자리를 비운 사이 끔찍한 일이 일어났다. 『세인트루이스 포스트–디스패치』의 기사에 모욕을 느낀 한 대령이 사무실로 쳐들어와 총격전을 벌였고 카커릴이 쏜 총에 대령이 죽게 된 것이었다.

퓰리처를 시기하던 신문들이 이 사건을 크게 보도했다. 그러자 평소 이 신문에 불만이 많던 사람들이 몰려와 건물 밖에서 불을 지르겠다고 아우성이었다.

이 소식을 듣고 퓰리처는 휴가지에서 단숨에 달려왔다. 카커릴은 정당방위로 풀려났지만 신문 부수가 줄고 광고들이 취소되면서 신문이 파산될 위기에 처했다. 퓰리처는 예전 동업자 딜런에게 편집을 부탁하고는 문제를 해결했다. 시간이 지나 신문이 살아남을 수 있다고 판단되자, 악화된 몸을 회복하기 위해 지중해로 여행을 떠났다.

퓰리처 가족은 뉴욕의 맨해튼에 며칠 머물다가 유럽으로 떠날 계획이었다. 퓰리처는 그곳에서 『뉴욕 월드』 신문사를 판다는 소식을 접했다. 새로운 곳에서 새롭게 신문을 만들고 싶었던 퓰리처는 『뉴욕 월드』 신문사를 사들였다. 퓰리처는 카커릴을 불러와 편집국장으로 삼았다.

퓰리처는 어떻게 하면 많은 사람들이 재미있게 신문을 볼까를 생각했다. 신문의 1면에는 다양한 사람들의 흥미를 끄는 기사들을 실었다. 일요판에는 '과학자가 꼬리를 가진 야만족 발견'이라는 기사에 그림까지 그려 넣은 황당한 기사도 있었다. 살인 사건은 마치 탐정이 되어 살인 사건을 풀어 가는 느낌이 들게 하였다. 브루클린 다리의 개통식을 보도하는 기사를 쓸 때는 다리의 모습을 판화로 만들어 1면에 크고 화려하게 실었다. 시와 소설을 넣고 그림을 넣고 만화를 실었다. 재미있는 스포츠 소식, 상담 코너, 여성을 위한 패션 기사도 실었다. 퓰리처는 그 당시에는 거의 없던 여자 기자를 채용하기도 했다. 여기자 넬리 블라이는 정신 병원에 몰래 들어가 겪은 일을 기사로 썼다. 『뉴욕 월드』 신문 판매 부수는 몇 배씩 늘어났다.

신문의 내용은 항상 새롭게 했지만 퓰리처가 만든 신문에는 변하지 않는 것이 있었다. 가난한 대중을 위한 신문이라는 것이다. 퓰리처는 부자였고 가난한 사람들을 지지하는 신문 내용 때문에 부자 친구를 잃기도 했지만 가난한 사람들을 옹호하는 내용은 바꾸지 않았다.

퓰리처는 새로운 생각이 나면 바로 일로 연결했다. 활기차고 열정적인 퓰리처 때문에 다른 사람들도 열심히 일하게 되었다.

퓰리처는 어느 날, 정해진 시간에 저녁을 먹으러 간다는 논설위원을 만나고는 깜짝 놀라며 말했다.

"나는 짬이 없으면 점심 식사는 잊어버릴 때도 있죠. 저녁 식사도 아예 안 먹을 때도 있고요. 새벽 5시까지 깨어 있을 때도 많아요."

퓰리처는 일에 너무 매달리다 보니 시력까지 잃고 극도의 신경 쇠약에 시달렸다. 퓰리처는 아주 작은 소음에도 고통을 호소했다. 심할 때는 휴식을 위해 방음 장치가 완벽한 집이나 요트를 찾아야 했다.

그럼에도 퓰리처는 신문을 만드는 일에 온 신경을 집중했다. 여론을 이끄는 신문을 대충 만들 수는 없었기 때문이었다.

미국과 영국이 전쟁이 일어날 만한 상황이 벌어졌을 때, 퓰리처는 전쟁이 결코 일어나서는 안 된다는 내용의 기사를 내보냈다. 그리고 퓰리처는 전쟁을 막기 위해 대통령을 만나 설득하고 영국 총리를 비롯한 정치가, 종교인 등 영향력 있는 사람들에게 전보를 보냈다. 다행히 문제를 평화적으로 해결하여 끔찍한 전쟁을 막을 수 있었다.

퓰리처의 신문사가 여론을 이끌어 한 일 중에는 평화롭고 유쾌한 일도 있었다.

프랑스가 미국 독립 100주년 기념으로 자유의 여신상을 만들었는데, 미국 하원이 그 조각상 받침대에 필요한 돈을 승인하지 않았다. 그 비용을 마련하기 위해 퓰리처는 『뉴욕 월드』를 통해 모금 운동을 펼쳤다.

자유의 여신상이 머물 곳조차 마련하지 못한 채, 이 멋진 선물을 그냥 보내 달라고 하는 것은 부끄러운 일입니다. 독자 여러분, 받침대를 만들기 위한 돈을 기부해 주십시오.

퓰리처의 호소에 많은 사람들이 성금을 보내왔다. 2달러, 1달러 또는 5센트의 성금이 든 봉투에는 편지도 들어 있었다.

저는 아주 작고 어려서 조금밖에 못 보내요. 그래도 도울 수 있어 기뻐요.

받침대를 마련하는 기부금에 가난한 사환의 푼돈을 보탭니다. 적은 돈이지만 미국에 대한 충성으로 받아 주십시오.

수많은 사람이 보내 준 성금이 모여 10만 달러가 넘어, 다음 해 뉴욕 항구에 자유의 여신상을 세울 수 있었다.

『뉴욕 월드』 신문의 기사 때문에 재판이 벌어지는 골치 아픈 일도 있었다. 파나마 운하를 건설할 때 뇌물이 오갔는데 여기에 대통령이 관련됐을 것이라고 『뉴욕 월드』 신문이 보도했다. 그러자 정부에서 대통령을 '거짓말쟁이'라고 비난했다며 명예 훼손으로 기소했다. 다행히 이 소송에서 『뉴욕 월드』가 이겼다.

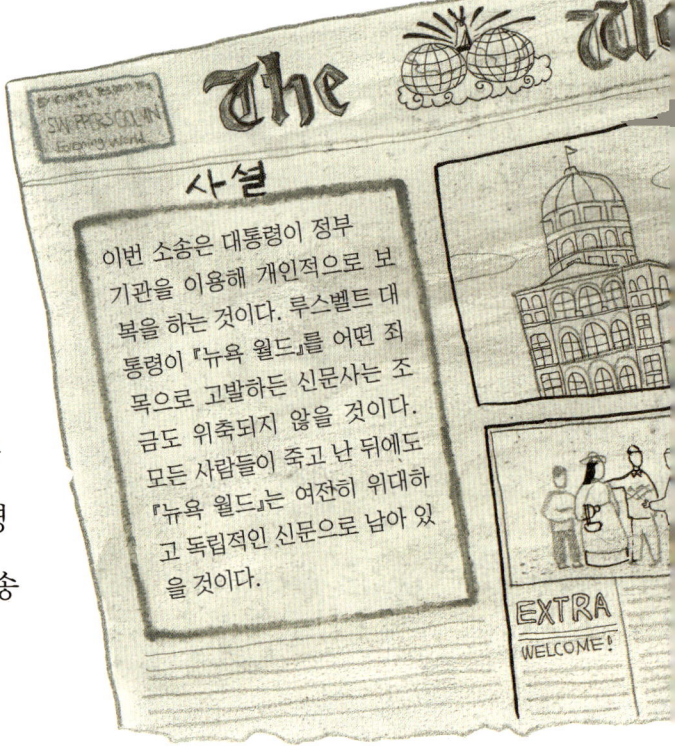

언론 대학원을 세우다

때로는 과열 경쟁이 안 좋은 결과를 가져오기도 한다. 퓰리처가 『뉴욕 저널』에 지고 싶지 않아서 한 지나친 경쟁도 그랬다.

퓰리처도 『뉴욕 저널』에 맞추어 신문 값을 내렸다. 결과는 손실로 이어졌다.

사람들이 흥미를 일으킬 만한 사건은 『뉴욕 저널』보다 먼저 보도하려고 했고, 자극적인 기사도 판매 부수를 늘릴 수 있다면 눈감아 주었다. 그러다 보니 확인을 하지 못한 기사가 나가기도 하고 실제보다 과장되기도 하였다.

두 신문사의 경쟁이 가장 치열했던 것은 스페인과 쿠바 사이에 일어난 전쟁을 보도한 것이었다. 때로는 지나치다 싶을 정도로 감정적으로 보도했고 실제보다 부풀려진 기사도 있었다. 결국 두 신문의 지나친 경쟁 보도로 여론이 들끓었고 미국이 전쟁에 개입하게 되었다.

양쪽 신문에 실린 노란 아이를 빗대어 '황색 언론(옐로 저널리즘)'이라는 이름이 붙었다. 황색 언론은 과장되고 선정적인 언론을 가리키는 치욕스런 말이 되었다.

퓰리처는 시간이 지나면서 뭔가가 잘못되고 있다는 걸 깨달았다. 퓰리처는 자신이 실수를 했다는 걸 받아들였다. 그리고 언제나 그랬듯이 잘못을 바로잡으려고 노력했다. 퓰리처는 더 좋은 신문을 만들고자 하는 열의를 다시 불태웠다.

퓰리처는 더욱 '정확성! 간결함! 날카로움!'을 강조했다. 『뉴욕 월드』는 정부와 대기업의 부정부패를 밝혀내는 기사를 내는 한편, 다양한 사람들을 충족시킬 만한 신문을 만들었다.

퓰리처는 건강이 안 좋아 회사를 떠나 있을 때도 어디서든 신문을 꼼꼼히 살폈다.

그 후 퓰리처는 오랫동안 생각했던 것을 실천에 옮겼다. 컬럼비아 대학에 언론 대학원을 세우라고 기부금을 냈다. 기자는 타고 나는 것이지 배워서 되는 것이 아니라고 말하는 사람들에게 퓰리처는 언론 대학원을 설립해야 되는 이유를 말했다.

"변호사와 의사가 되려면 8년 내지 10년에 걸친 기간 동안 힘들게 준비를 합니다. 그러나 정보 제공자이며 교사이자 여론을 만들어 내는 역할까지 하는 신문 기자들은 정말 중요한 일을 맡고 있는데도 특별한 교육을 받은 적이 없습니다."

그리고 퓰리처는 세상을 떠나기 전에 해마다 가장 뛰어난 기사를 쓴 기자, 사진 기자, 문학가에게 '퓰리처상'을 주라는 말을 남겼다.

조지프 풀리처의 삶을 다시 한 번 따라가 볼까요.

조지프 풀리처
(1847 ~ 1911)

1847년
4월 10일, 헝가리에서 태어났다.

1860년

1864년 17세
미국으로 건너가 군인이 되어 남북 전쟁에 참전했다.

1867년 20세
미국 시민권을 받았다.

1868년 21세
『베스틀리헤 포스트』 신문의 기자가 되었다.
변호사 시험에 합격해 변호사가 되었다.

1911년

64세
10월 29일, 세상을 떠났다.

1917년

컬럼비아 대학에 처음으로 언론 대학원이 세워졌다. 컬럼비아 대학교 언론 대학원에 속해 있는 풀리처상 선정 위원회는 풀리처의 유언에 따라 언론과 문학 부문에서 뛰어난 일을 한 사람에게 이 해 5월에 제1회 풀리처상 시상식을 했다.

1943년

음악 분야에서 뛰어난 일을 한 사람에게도 풀리처상을 수여하기 시작했다.

1870년 23세
미주리 주 상원 의원이 되었다.

1878년 31세
케이트 데이비스와 결혼했다.
『세인트루이스 포스트-디스패치』를 창간했다.

1870년

1880년

1883년 36세
『뉴욕 월드』 신문사를 사들였다.

1885년 38세
프랑스에서 보내온
'자유의 여신상' 받침대 제작을
위한 모금 운동을 벌였다.

1900년

1903년 56세
컬럼비아 대학에 언론 대학원
설립을 위해 기부금을 냈다.

1890년

1890년 43세
건강이 악화되어 시력을 잃었다.

1896년 49세
맨해튼에 『뉴욕 월드』 본사를 세웠다.
『뉴욕 저널』과 경쟁하느라 선정적이고 과장된
기사를 실어 황색 언론이라는 비난을 받았다.

여론의 불평등

블로그 운영자, 태형 1000대

 2015년 1월, 사우디아라비아의 제다 광장에 사람들이 모여들었어요. 그곳에서 라이프 바다위라는 한 남자가 채찍질을 당하고 있었어요.
 "으윽!"
 채찍이 내리쳐질 때마다 라이프 바다위 입에서 신음이 새어 나왔어요.
 많은 사람들이 그 모습을 지켜보고 있었어요. 라이프 바다위의 등은 채찍 자국으로 뒤덮이고 피가 흘렀어요. 고통으로 온몸이 뒤틀리고 얼굴이 일그러졌어요.
 라이프 바다위가 법을 어겼다고 해서 태형 50대를 집행하는 것이었어요. 고통스럽게 50대를 다 맞았지만 이게 끝이 아니었어요. 바다위는 앞으로 950대를 더 맞아야 해요! 그에게 내려진 벌은 태형 1000대였어요. 한 번에 때릴 수 없기 때문에 태형은 1회에 50대씩, 매주 금요일마다 20주 동안 행해질 예정이었어요. 태형에 또 다른 벌도 추가되었어요. 바다위는 징역 10년에 벌금 100만 사우디리얄(약 3억 원)도 내라고 판결을 받았어요.
 라이프 바다위는 얼마나 큰 죄를 지었기에 이렇게 가혹한 벌을 받은 걸까요?

  라이프 바다위는 '사우디아라비아 인의 자유'라는 블로그 운영자였어요. 그는 자신의 블로그에서 믿음에 대한 공개 토론을 하면서 다음과 같은 글을 블로그에 썼지요.

> 어떤 종교도 사람들이 더 잘 살게 하는데 도움을 주지 않았습니다. 종교는 개인과 창조주의 영적인 관계이기 때문입니다. 우리가 사는 데 필요한 법은 종교에서 나오지 않았습니다.

  그러자 사우디아라비아 정부에서 온라인상에 공개 토론 웹 사이트를 만들고 이슬람교를 모욕했다는 혐의로 라이프 바다위를 체포해서 판결을 한 것이었어요.

  라이프 바다위에게 채찍질에 엄청난 벌금에 지나친 실형을 선고한 것에 대해 국제적으로도 비난이 빗발쳤어요. 그래도 사우디아라비아 정부는 판결 내용을 바꾸지 않았어요.

어떻게 이런 일이 사우디아라비아 안에서 가능한 걸까요?

사우디아라비아는 '사우드 가문'이 다스리는 왕국이에요. 왕과 왕족이 마음대로 나라를 다스릴 수 있어 부패가 심하고, 엄격한 이슬람 법을 시행해서 아직도 잔혹한 형벌이 행해지고 있어요.

불평등 줄이기

정부가 정보를 차단할 뿐 아니라 자유로운 토론도 강력하게 막고 있는 나라들이 있어요. 이 나라들은 국민이 종교와 정치에 대해 불만의 목소리를 낼까 봐 인터넷 검열을 아주 심하게 해요. 정치나 사회적 비판, 교리에 어긋나는 내용을 올리면 인터넷 접속이 차단되고 내용도 삭제될 뿐 아니라 조사와 체포, 구금 등을 당해요. 블로그를 계속 운영하면 가족들까지 체포하겠다고 위협해요. 직장에서 해고도 당하고 심하면 잔혹한 형벌을 받기도 해요.

여론이 막힌 사회가 평등한 민주주의 사회가 될 수 있을까요?

우리나라에서도 인터넷에서 자유롭게 자신의 생각을 말할 수 없게 된다면 어떨까요? 우리는 인터넷 안의 올바른 정보에 지지를 보내고 잘못된 정보를 퍼뜨리는 일이 없도록 주의를 기울여야겠어요.

루이가 만든 점자는 사라지는 걸까?

"더 이상 이 점자를 쓰지 마세요! 왜 개인이 만든 점자를 쓰는 거요! 이 점자로 책까지 만들었다니. 나, 참!"

"교장 선생님, 다시 한 번 생각해 주세요."

루이는 간절한 마음으로 무릎까지 꿇고 사정을 했다.

파리 왕립 맹아 학교에 새로운 교장이 부임해 왔다. 그 교장은 루이가 만든 점자를 이 학교에서 쓰는 것이 싫었다. 다른 학교에서는 모두 새 돋을새김 문자를 쓰는데, 왜 이 학교만 루이가 만든 점자를 쓴단 말인가! 정해진 규칙을 따르지 않는 것이 못마땅했다.

교장은 루이가 만든 책을 집어던졌다. 책은 루이의 무릎을 툭 치고 바닥에 굴러 떨어졌다. 루이는 더듬더듬 책을 집어 들었다.

"책들은 모두 불태우겠어요. 학생들도 잘 들어요. 앞으로 루이 씨가 만든 점자를 쓰다가 걸리면 혼날 줄 알아요!"
교장은 단호하게 말하였다.

다음 날, 루이가 만든 책들이 마당에 쌓였다. 교장의 명령에 따라 불이 붙여졌다. 불길은 순식간에 붉은 혀를 날름거리며 책들을 태웠다.

책이 하나둘 불길 속에 사라질수록 루이의 가슴은 불에 데인 듯, 고통스러웠다.

'아, 내가 만든 점자는 앞으로 어떻게 될까? 내 분신 같은 책들이 사라지고 있어.'

순간 한동안 잊고 지냈던, 어린 시절의 끔찍했던 기억이 루이의 머릿속에 떠올랐다.

 **송곳에 눈을 찔리다**

"악! 으으……."

루이의 비명이 아버지의 작업장에서 흘러나왔다.

"루이! 오, 어쩌면 좋아."

루이의 눈에서 피가 흘렀고 피 묻은 송곳은 바닥에 뒹굴었다.

루이 어머니는 놀랄 겨를도 없이, 루이 눈에서 흐르는 피를 닦았다. 루이는 눈이 타는 것 같은 고통에 계속 비명을 질렀다. 아버지가 달려와 루이를 안아 방에 뉘였다.

루이가 눈을 다친 날은 아버지가 작업장을 잠시 비운 날이었다.

아버지는 마구와 안장을 만들었다. 그 당시 사람들은 말과 마차를 탔기 때문에 마구와 안장은 꼭 필요한 물건이었다. 아버지가 칼로 가죽을 자르고 송곳으로 구멍을 뚫어 꿰매면 보기 좋은 물건들이 만들어지곤 했다.

그날도 루이는 여느 때처럼 아버지의 작업장에 들어갔다. 작업대 위에는 가죽과 송곳이 놓여 있었다. 아버지가 공구들을 만지지 말라고 신신당부를 하였지만 루이의 호기심을 꺾지는 못하였다.

'잠깐만 만져 보는 건데, 뭐. 아버지도 모르실걸.'

루이는 송곳을 잡고 가죽에 구멍을 뚫어 보려고 하였다. 가죽이 미끄러워 잘 되지 않았다. 다시 한 번 송곳을 꽉 잡고 힘껏 눌렀다. 그 순간, 송곳이 미끄러지면서 송곳이 루이의 왼쪽 눈을 찔렀다.

다친 눈은 병균에 감염되어 통통 부어올랐다. 다른 쪽 눈에도 병균이 옮아서 루이는 결국 앞을 볼 수 없게 되었다. 병원에서도 양쪽 눈의 각막이 모두 손상되어 고칠 수 없다고 했다.

"아무것도 보이지 않아. 깜깜해."

루이는 빵에 잼을 발라 먹을 수도 없었다. 수프도 줄줄 흘렸다. 집 안에서도 툭 하면 넘어지기 일쑤였다.

아버지가 루이를 위해 지팡이를 만들어 주었다. 엄마와 누나는 루이가 일상생활을 할 수 있도록 옆에서 세심하게 도와주었다.

루이는 보지 않고도 음식을 먹고, 지팡이로 땅을 짚으면서 다니는 걸 익혔다. 소리와 냄새, 그리고 손의 감각으로 세상을 알아가는 방법을 배웠다.

아버지는 루이에게 나무토막에 징을 박아 알파벳 모양을 만들어 주었다. 루이는 그것으로 알파벳을 깨우치고 글자를 배웠다.

루이는 집 안에서는 그럭저럭 생활할 수 있었지만 밖에 나가는 것은 아직 두려웠다. 이전에 거리에서 보았던 시각 장애인의 모습이 떠올랐다.

'나는 앞으로 어떻게 살까? 다른 눈 먼 사람들처럼, 무거운 짐을 끄는 일을 하게 될까? 아, 일도 못하고 거지처럼 구걸하면서 살지도 몰라.'

책을 읽을 수 있는 학교

루이는 호기심이 많은 아이였다. 궁금하고 알고 싶은 게 많았다. 호기심은 루이의 눈을 다치게도 하였지만, 루이를 집 바깥으로도 이끌었다. 앞을 못 보게 되면서 루이는 더 잘 듣게 되었다. 집 밖에 나가면 다양한 소리를 들을 수 있었다.

루이는 사람들의 발자국 소리가 재미있었다. 터벅터벅, 따가닥따가닥,

또각또각. 사람에 따라, 걷는 속도에 따라 다 다른 소리가 났다.

'아, 우체부 아저씨는 종종걸음이네. 오, 성큼성큼. 이건 옆집 아저씨인데. 흐흐, 엄마가 나를 부르러 오시네.'

루이는 어머니가 자신을 부르기 전에 다가갔다.

"엄마, 옆집 아저씨는 급한 일이 많으신가 봐요."

"호호, 루이. 이제는 발자국 소리만 들어도 누구인지 아는구나."

집 바깥에는 위험한 일도 있었지만, 심심하지 않아서 루이는 바깥세상이 좋았다.

'어, 낯선 발자국 소리가 들리네. 누굴까?'

루이는 지팡이로 땅을 짚으며, 그 발자국 소리가 들려오는 쪽으로 갔다.

"안녕하세요. 저는 발자국 소리로 어떤 사람이 오는지 알 수 있는데, 처음 오신 분이죠?"

"발자국 소리를 듣고 안다고? 무척 영리하구나! 나는 새로 부임해 온 파뤼 신부란다."

총명한 루이가 맘에 들었던 파뤼 신부는 루이에게 함께 공부하자고 권하였다. 이제 루이는 성당을 갈 때마다 콧노래가 절로 나왔다. 새로운 걸 알아 가는 건 무척 즐거운 일이었다. 파뤼 신부는 루이에게 성경 이야기며 역사, 과학에 관한 지식뿐만 아니라 살아가는 데 필요한 것도 가르쳐 주었다.

"루이야, 너는 좀 더 체계적인 공부를 하면 좋겠구나."

파뤼 신부의 뜻에 따라 루이는 일반 마을 학교에서 공부하게 되었다. 그런데 학교를 신나게 다니던 루이의 얼굴이 점점 어두워졌다. 파뤼 신부는 슬쩍 루이에게 물어보았다.

"루이, 학교 공부가 힘드니?"

"아뇨, 별로 힘들지 않아요. 선생님이 수업 시간에 말하는 것을 몽땅 외우면 되니까요. 그런데 학교에서 배우는 것으로는 부족해요. 신부님, 제가 읽을 수 있는 책이 있었으면 좋겠어요. 더 많은 걸 알고 싶어요."

파뤼 신부는 루이에게 맞는 왕립 맹아 학교를 권하였다. 집에서 멀리 떨어진 파리에 있는 학교였다. 루이가 왕립 맹아 학교에 가려면 집을 떠나야 했다. 루이는 배우고 싶은 마음은 컸지만, 집을 떠나기가 두려웠다.

"루이, 우리도 너와 함께 있고 싶어. 하지만 네 앞날을 위해서라면 용기를 내야 할 것 같아."

부모님은 루이를 따뜻하게 감싸 안았다. 열 살인 루이는 부모님과 파뤼 신부의 지지를 받으며 왕립 맹아 학교에 갈 날을 손꼽아 기다렸다. 거기에는 시각 장애인도 읽을 수 있는 책이 있었다.

마침내 루이는 학교에 갔다.

"책은 어디에 있지요?"

루이는 빨리 책을 보고 싶었다.

책은 무척 크고 무거웠다. 들고 다닐 수도 없고 무릎에 놓고 볼 수도 없었다. 이 책은 종이 뒷면을 눌러 위로 글자가 튀어나오게 만든, 돋을새김

인쇄로 만들어졌고 한 글자의 크기가 7센티미터나 되었다. 이 글자들을 하나하나 손으로 더듬어서 읽어야 했는데 비슷하게 생긴 글자들이 많아 구별하기가 힘들었다. 조금만 읽어도 금방 지쳐 버렸다. 그나마 그런 책도 14권뿐이었다.

'휴, 겨우 다 읽었다. 책 읽기가 너무 힘들었어. 좀 더 쉽게 볼 수 있는 책이 많이 있었으면 좋겠어.'

왕립 맹아 학교에서는 하루에 10시간이 넘게 수업과 실습을 하였다. 수업 시간에는 선생님의 말씀을 따라 외웠다. 수업이 끝나면 실습을 하는데, 슬리퍼나 바구니 같은 걸 만들었다. 학교에서는 시각 장애인이 사는데 필요한 기술이라며 이 기술을 아주 중요하게 여겼다.

'난 다른 것을 배우고 싶어. 책을 통해 세상의 더 많은 걸 알고, 글을 써서 사람들과 이야기를 나누고 싶어.'

루이는 학교의 수업보다는 어떻게 하면 책을 읽을 수 있을까, 좀 더 편한 점자를 만들 수 있을까를 생각하였다.

그러던 어느 날 한 장교가 루이의 학교에 찾아왔다. 점자를 만든 바르비에 대위였다.

"혹시 여러분에게 도움이 될까 하고 왔습니다. 밤에 군인들이 암호를 주고받기 위해 고안해 낸 점자를 소개합니다."

바르비에 대위가 만든 점자는 12개의 점으로 이루어져 있었다. 루이는 희망이 생겼다. 루이는 그 점자를 익히기 위해 열심히 노력했다. 그러나 그 점자는 직접 사용해 보니 너무나 번거로웠다. 더군다나 군인들이 쓰는 암호는 간단했기 때문에 정확한 낱말과 문법은 물론 숫자와 악보도 나타낼 수 없었다.

'12개의 점으로는 해결이 안 돼.'

루이는 다시 고민에 빠졌다.

점자를 만들어 내다

루이는 새로운 점자를 만들기로 결심하였다.

"눈도 안 보이면서 뭘 읽겠다는 거야? 왜 책을 읽고 싶어 하지?"

시각 장애인이 아닌 사람들은 이렇게 말하며 루이의 행동을 이해하지 못했다. 관심을 기울이는 사람도 없었다.

"루이, 쓸데없는 짓 하지 말고, 그 시간에 기술이라도 하나 더 배워."

심지어 친구들도 루이에게 이렇게 충고했다.

"우리의 문자도 필요하고, 우리가 읽을 수 있는 책도 있어야 해. 우리가 책을 읽고 공부할 수만 있다면, 할 수 있는 일도 더 많아질 거야!"

그나마 다행인 것은, 새로 온 교장 선생님은 눈이 안 보이는 학생들을 위해 좋은 환경을 만들어 주려고 애를 썼다는 것이다.

루이는 포기하지 않았다. 잠자는 시간, 밥 먹는 시간도 아껴 가며 점자

연구에 연구를 거듭했다. 아침이 온 지도 모른 채로 밤을 새우며 몰두하는 날이 많았다.

'점의 개수는 몇 개가 좋을까?'

'배열을 달리해 볼까?'

그렇게 1년, 2년이 흘렀다. 끝이 보일 것 같지 않은 연구가 3년째 접어들었다. 루이가 열다섯 살이 되던 해였다.

그리고 마침내 루이는 "됐어!" 하는 환성을 질렀다.

"이제 모든 알파벳과 숫자는 물론 문장 부호까지 정확하고 자유롭게 표현할 수 있어. 이 여섯 개의 점으로 말이야."

루이는 여섯 개의 점으로 알파벳 26자를 모두 따로따로 표현하였다. 손가락을 움직이지 않고 한 번에 글을 읽어 낼 수 있었다. 읽기에 편할 뿐 아니라 글을 쓸 수도 있었다.

루이의 이름도 이렇게 점자로 간단히 표기할 수 있었다.

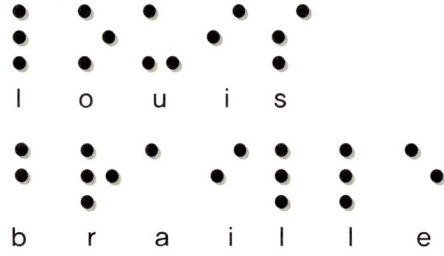

점자를 만들 때 루이는 아버지가 썼던 송곳을 사용했다. 루이의 눈을 멀게 한 송곳이 점자를 만드는 데 사용되다니, 참으로 신기한 일이었다.

 **직접 책을 만들다**

"루이, 네가 만든 점자 정말 좋아. 자, 이거 받아."

루이는 친구의 편지를 받아들었다. 종이 위에 손을 가져다 대고 읽어 보았다.

"고마워. 덕분에 편지로 내 마음을 전할 수 있어."

루이의 얼굴에 웃음이 번졌다.

"부끄럽게 소리를 내서 읽으면 어떡해."

친구도 쑥스러운 듯 슬며시 웃었다.

"우리들은 이 점자가 얼마나 쓰기 쉬운지 아는데, 왜 정작 어른들은 관심이 없지?"

친구는 한숨을 쉬며 돌아갔다.

학교의 중요한 일을 결정하는 위원들은 점자 알파벳에 관심이 없었다. 루이가 만든 점자는 정식으로 쓰이지 않고 공부하는 학생들 사이에서만 사용되고 있었다. 교장 선생님의 도움을 받아 후원자들에게 편지를 보냈지만 '기다려라. 생각해 보겠다.'라는 대답뿐이었다.

시간이 지나 루이도 학교를 졸업할 때가 다가왔다.

하루는 교장 선생님이 루이를 불렀다.

"앞으로 무엇을 할 생각인가? 학교에 남아서 아이들을 가르치지 않겠나?"

루이는 파리에 남아서 점자 알파벳을 널리 알리고 싶었다. 그래서 크게 고민하지 않고 교장 선생님의 제안을 받아들였다.

아이들을 가르치는 일은 참 즐거웠다.

"루이 선생님, 선생님은 우리들이 겪는 어려움을 완전히 이해하고 가르치세요. 그래서 저는 선생님의 말을 하나도 놓치고 싶지 않아요. 우리는 선생님의 수업 시간이 참 즐거워요."

이렇게 말하는 콜타는 사랑스러운 제자였다.

루이는 아이들을 가르치면서 성당의 오르간도 연주하였다. 악보와 숫자를 표시할 수 있는 점자 악보도 루이가 직접 만들었다.

'아이들이 제대로 공부하려면 읽을 책이 필요해.'

루이는 점자 알파벳으로 책을 만들기 시작하였다. 한 권씩 만들어 도서관에 보관했다.

"루이, 자네 덕분에 아이들이 읽을 책이 늘고 있어. 아니, 또 밤새운 건가? 이러다가 큰 병이 나겠어."

교장 선생님이 루이를 찾아와 말했다. 교장 선생님의 따뜻한 마음이 루이에게 전해졌다.

그때 노크 소리가 났다. 문을 여니 콜타가 친구와 함께 와 있었다.

"루이 선생님, 이게 도서관에 있는 마지막 책이에요."

"그래? 다른 책은 다 읽었니?"

"네."

콜타는 큰 소리로 명랑하게 대답했다.

"다른 책은 또 없나요?"

다른 아이가 옆에서 수줍게 물었다.

"조금만 기다려라. 거의 완성되었단다."

"고맙습니다."

아이들이 간 뒤에 잠시 침묵이 흘렀다.

"아이들이 참 기뻐하는군."

"그래요, 교장 선생님. 그래서 제가 쉴 수가 없어요. 쿨룩쿨룩. 하나라도 더 읽게 해 주고 싶어요. 쿨룩쿨룩."

"이런, 언제부터 이렇게 기침을 심하게 한 건가?"

루이는 그동안 너무 무리를 해서 결국 결핵에 걸리고 말았다. 기침도 심했고 몸도 금방 피곤해졌다. 결핵에 걸리면 잘 먹고 충분한 휴식을 취해야 나을 수 있다. 하지만 루이는 책을 읽고 기뻐하는 학생들을 생각하면 잠시라도 책을 만드는 일을 미룰 수 없었다.

그러던 중에 루이를 지지해 주었던 교장 선생님이 떠나고 새로운 교장 선생님이 부임해 왔다. 새 교장 선생님은 점자 알파벳도 쓰지 못하게 하고 책도 태워 버렸다.

"이 점자 알파벳이 얼마나 편한데. 혼나는 것도 무섭지 않아. 난 계속 쓸 거야."

"자, 내가 점자를 쓸 테니 무슨 말인지 읽어 봐."

학생들은 교장 선생님 몰래 루이가 만든 점자를 쓰고 있었다.

루이는 용기를 얻었다.

'그래, 아이들을 봐서라도 힘을 내자. 다시 한 번 싸워 보자.'

루이가 만든 점자를 지지하는 선생님도 있었다. 조셉 선생님은 적극적으로 나서서 도와주었다.

"이 문자는 사라지면 안 돼요. 교장 선생님을 설득해 봅시다."

조셉 선생님과 루이는 교장 선생님을 찾아가 끊임없이 설득했다.

"루이 브라유가 만든 점자 알파벳은 너무 훌륭해요. 이 점자를 쓰는 것을 더 이상 막을 수 없어요. 오히려 교장 선생님께서 세상에 이 점자를 알리시면 더 공이 커질 거예요."

학생들도 힘을 보탰다. 끈질긴 설득에 교장 선생님의 마음이 움직였다.

"음, 아무래도 내 생각이 짧았던 것 같소. 공개적으로 브라유 씨가 만든 문자를 알리도록 하겠소."

마침내 루이가 만든 점자를 알리는 행사가 열렸다.

"가로 2개, 세로 3개로 구성된 6개의 점이 기본인 문자입니다."

행사에 참석한 사람들은 시간이 지날수록 점점 루이가 만든 점자의 편리함과 우수성에 빠져들었다.

그 이후, 루이가 만든 점자에 대한 관심이 점점 늘어났다. 이 점자는 만든 사람의 성을 따서 '브라유 문자'라 불리게 되었다.

그 사이에 루이는 결핵이 더욱 심해졌다. 결국 루이는 병을 이기지 못하고 세상을 떠나고 말았다.

루이가 죽었을 때, 작은 신문조차도 루이의 죽음을 알리지 않았다. 루이가 죽은 지 2년 뒤에는 브라유 점자가 파리의 학교에서 공식적으로 사용되었다. 하지만 세상 사람들은 루이가 얼마나 훌륭한 일을 해냈는지 모르고 있었다.

그런데 루이 브라유가 죽은 지, 100년 후 놀라운 일이 벌어졌다. 그의 유해가 파리에 있는 프랑스 국립묘지 판테온으로 옮겨진 것이다. 판테온 묘지에는 프랑스에 큰 영향을 준 인물만 들어갈 수 있는 곳이었다.

그의 유해를 옮길 때는 프랑스 대통령, 헬렌 켈러 등 중요한 사람들이 많이 참석하였다. 또한 시각 장애인들이 끝을 하얗게 칠한 지팡이를 짚고 줄줄이 뒤를 따랐다.

헬렌 켈러는 말했다.

"루이 브라유의 점자 덕분에 읽는 기쁨을 맛보게 되었고, 세상이 새롭게 빛나게 되었어요. 루이 브라유는 시각 장애인들에게 세상으로 나아가는 넓고 튼튼한 계단을 놓아 준 사람이에요."

브라유 점자를 통해 공부한 헬렌 켈러는 시각 장애인의 삶과 노동 환경을 바꾸는 데 큰 활약을 했다.

가수 레이 찰스는 점자로 악보를 그려 가며 흑인 인권을 위해 노래했

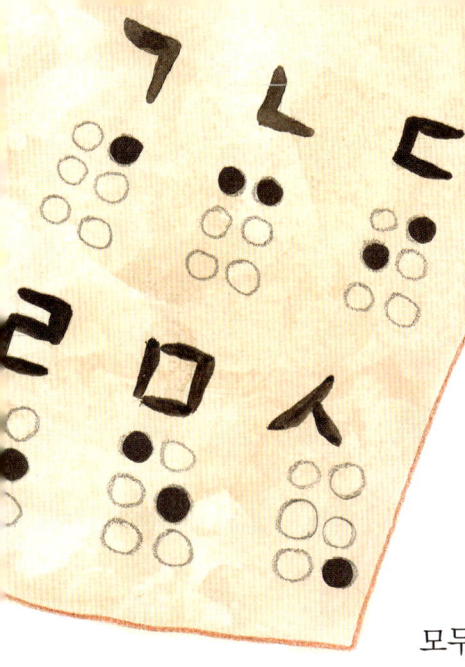

다. 또한 가수 스티비 원더는 점자 책 『식물들의 신비한 생활』을 읽고 감명을 받아 음악을 만들었다.

그리고 우리나라에서도 체계적으로 만들어진 한글 점자가 나왔다. 1926년, 박두성이 발표한 '훈맹정음'이 바로 그것이다.

모두 브라유 점자가 나오고 난 이후에 생긴 일들이었다. 루이 브라유는 시각 장애인들에게 점자라는 빛을 주었다.

루이 브라유의 삶을 다시 한 번 따라가 볼까요.

루이 브라유
(1809 ~ 1852)

1809년

1월 4일, 프랑스의 쿠브레라는 작은 마을에서 태어났다.

쿠브레에는 "브라유 님께 시각 장애인들의 감사한 마음을 전합니다. 앞을 볼 수 없는 모든 이에게 지식의 문을 열어 주었습니다."라고 쓰여진 기념비가 세워져 있다. 다른 쪽 면에는 시각 장애인에게 손으로 읽는 방법을 가르치는 루이의 모습이 새겨져 있다.

1852년

43세
1월 6일, 세상을 떠났다.

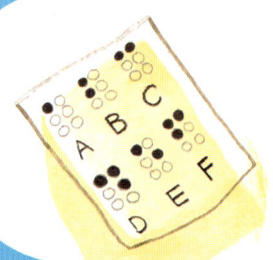

1854년

루이 브라유가 죽은 지 2년 뒤, 브라유 점자가 파리의 학교에서 공식적으로 사용되었다.

1952년

루이 브라유가 죽은 지 100년 후, 그의 유해가 파리에 있는 프랑스 국립묘지 판테온으로 옮겨졌다.

1992년

천문학자들은 새로 발견한 소행성에 루이 브라유의 업적을 기려 '9969 브라유'란 이름을 붙였다.

1812년 3세
아버지의 작업장에서 송곳에 눈을 찔려 시력을 잃었다.

1816년 7세
성당의 파뤼 신부에게 역사, 과학 등을 배웠다.

1817년 8세
일반 마을 학교에 다녔다.

1819년 10세
파리의 왕립 맹아 학교에 들어갔다.

1810년

1820년

1824년 15세
브라유 점자를 완성했다.

1828년 19세
파리의 왕립 맹아 학교를 졸업하고, 그 학교의 선생이 되었다.

1829년 20세
『시각 장애인이 점을 사용하여 단어와 음악, 간단한 악보를 작성하는 방법』을 출간했다.

1840년

1830년

1847년 38세
점자 인쇄기가 처음 만들어졌다.

1834년 25세
음악 점자를 완성하였다.
결핵에 걸리다.

장애인 차별

안내견도 들어가게 해 주세요

"이 아이는 전시장에 들어갈 수 없어요."

엄마는 특수 유모차의 손잡이를 잡고 있었어요. 아이는 6살, 뇌 병변 장애(뇌에 병이 생겨서 신체적 어려움을 겪는 장애) 1급이었지요. 몸을 가누기 어려운 아이는 받침대와 몸 지지대, 발 받침대가 있는 특수 유모차에 앉아 있었어요.

"왜죠?"

엄마가 속상해서 물었어요.

"내부를 더럽힐 수도 있고, 잘못하다가 시설물을 망가뜨릴 수도 있어요. 더군다나 지금은 혼잡해서요."

전시관 측에서는 전시장 공간이 작아서 사고가 날 수 있기 때문에 이곳에 준비되어 있는 휠체어와 유모차만 사용할 수 있다고 했어요. 아이는 일반 유모차를 탈 수 없었어요. 특수 유모차는 일반 휴대용 유모차와 높이와 폭이 거의 비슷했지만, 결국 엄마와 아이는 전시관 안으로 들어가지 못했어요.

시각 장애인 두 사람이 식사를 하려고 식당에 들어가려고 했어요. 그러나 식당 주인은 그들이 데려온 시각 장애인 안내견을 보고 들어오지 말라고 막았어요.

"여기는 음식을 취급하는 곳이라 애완견을 데리고 들어올 수 없습니다."

"애완견이 아니라 안내견이에요."

시각 장애인 두 사람은 안내견이라고 계속 설명했으나, 결국 안으로 들어가지 못하였지요.

불평등 줄이기

'장애인 등에 대한 특수교육법'이 개정되면서 '정신 지체'는 '지적 장애'로 바뀌었어요. 농자, 아자, 맹자 이런 표현도 청각 장애인, 언어 장애인, 시각 장애인으로, 불구자는 신체 장애인이라 해야 해요. 용어를 바꾼다고 해서 장애인의 지위가 높아지는 것은 아니지만, 장애인에 대한 장벽이나 고정관념을 갖게 한다면 바꿔야지요.

'눈먼 돈, 벙어리 냉가슴, 귀머거리들의 대화, 지진아' 같은 말들도 상처가 될 수 있는 말들이니 주의를 기울여야 해요. 벙어리장갑 대신 '손 모아 장갑'으로 부르자고 제안하는 장애 인식 개선 캠페인이 개최되기도 했지요.

우리도 쉽게 실천할 수 있는 일부터 해 보아요. 장애인 주차 구역에 부모님이 주차하려고 하면 안 된다고 말한다든지, 지하철이나 버스에 안내견을 데리고 탄 시각 장애인을 위해 자리를 비켜 준다든지 하는 소소한 일부터요. 좀 더 적극적으로는 가까운 데 있는 장애인을 직접 도와준다거나 장애인 단체에 가서 봉사를 할 수도 있어요. 그러나 무엇보다 중요한 것은 '장애인에 대한 편견'을 버리는 것이에요.

아이로스는 어디로 갔을까?

"아이로스! 아이로스!"

페스탈로치의 목소리만 허공을 맴돌 뿐이었다. 페스탈로치는 한참을 헤매다 집으로 돌아왔다. 페스탈로치는 잠깐 몸을 녹이고, 다시 나가려고 일어섰다. 그사이에 눈보라가 더욱 심해졌다.

"여보, 눈 좀 그치거든 가요. 그러다 당신마저 쓰러지면 어떡해요."

"아이로스가 얼마나 춥고 배가

고프겠소. 이 추위에 얼어 죽을 수도 있어요."

아내의 말도 듣지 않고 페스탈로치는 휘몰아치는 눈 속으로 들어섰다. 발은 눈 속에 푹푹 빠졌다. 눈을 뜰 수도 없었다. 아무리 옷깃을 여며도 눈과 찬바람이 몸으로 파고 드는 것을 막을 수는 없었다.

"오, 아이로스, 도대체 어디로 간 거니?"

탄식이 저절로 나왔다. 페스탈로치는 아이로스 걱정에 옷이 눈에 젖고 몸이 얼어 가는 것도 느낄 수 없었다.

페스탈로치는 형편이 어려운 아이들을 모아 자신의 집에 빈민 학교를 열었다. 아이로스는 학생으로 처음 들어올 때부터 행동이 무척 거칠어서 페스탈로치의 마음이 더 갔던 아이였다. 그런 아이로스가 집을 뛰쳐나간 것이다.

'나는 사랑을 준다고 했지만, 아이들은 못 느낄 수도 있어. 아이로스의 마음을 더 살폈어야 했는데…….'

페스탈로치는 강압적인 선생님 때문에 학교에 가기 싫었던 자신의 어린 시절이 떠올랐다.

'아직은 학교 운영이 쉽진 않지만, 아이들 스스로 즐겁게 공부하는 학교를 만들 거야.'

페스탈로치는 몸과 마음을 추스르고 다시 한 번 더 큰 목소리로 아이로스를 불렀다.

"아이로스! 어디에 있니?"

 ## 나는 한심한 아이가 아니야

'아, 학교 가기 싫어.'

페스탈로치는 학교가 가까워질수록 가슴이 답답해 왔다.

'오늘도 라틴 어로 기도문을 외우라고 하시겠지? 왜 선생님은 뜻은 말해 주지 않을까? 뜻을 모르니 도통 외워지지가 않아.'

페스탈로치의 마음 따위는 아랑곳하지 않고 수업이 시작되었다.

"페스탈로치, 오늘은 기도문을 외웠겠지. 일어서서 외워 보거라."

선생님이 굳은 표정으로 말했다. 아이들이 슬금슬금 페스탈로치를 쳐다보았다.

페스탈로치는 더듬더듬 앞부분을 조금 외우다 멈추고 말았다.

"너는 기도문 하나도 제대로 못 외우니? 이 한심한 녀석아!"

선생님은 화가 나서 버럭 소리를 질렀다.

수업이 끝나고 아이들이 페스탈로치에게 다가와 말했다.

"넌, 왜 그렇게 고집이 세니? 그냥 뜻을 몰라도 외우면 되잖아."

"내 생각엔 끈기가 없는 거 같아."

아이들은 페스탈로치의 이야기를 들으려고 하지도 않고 자기들끼리 이야기를 주고받았다.

"어쨌든 넌 너무 수줍음이 많아. 남자답게 좀 씩씩해 보라고."

"얘들아, 선생님 말씀처럼 페스탈로치는 너무 한심해. 재미없으니 다른 데로 가자."

아이들이 가고 난 뒤, 페스탈로치는 가만히 생각해 보았다.

'나는 한심한 아이일까? 고집이 센 건 맞아. 하지만 끈기는 있어. 난 한 가지 일을 시작하면 끝까지 하고, 내가 해야 된다고 생각한 일은 꼭 행동에 옮기는데……'

어느 날, 수업 중이었다.

"어, 책상이 흔들려!"

한 아이가 소리치자마자 책상 위에 있던 책과 연필 등이 밑으로 굴러 떨어졌다.

"지진이다! 모두 밖으로 나가!"

선생님이 다급하게 말했다. 아이들은 정신없이 밖으로 뛰쳐나갔다. 다행히 지진은 얼마 지나지 않아 멈추었다. 정신을 차려 보니, 가방과 옷을 교실에 두고 나온 아이들이 많았다. 하지만 흔들렸던 건물이 무너져 내릴지도 몰라서 아무도 들어갈 엄두를 내지 못했다. 모두 교실 쪽을 바라보며 발만 동동 굴렀다.

그때였다. 누군가 쏜살같이 교실 쪽으로 뛰어 들어갔다. 선생님과 아이들이 놀라서 웅성거리는데, 페스탈로치가 교실에서 밖으로 뛰어나오고 있었다. 손에는 친구들의 물건이 들려 있었다. 선생님과 아이들은 깜짝 놀라서 페스탈로치를 바라보았다.

페스탈로치는 갓난아이 때부터 자주 잔병을 앓았다. 그래서 또래보다 몸집도 작고 약했다. 게다가 수줍음이 많아서 남 앞에 나서는 것을 부끄러워하였다. 그럼에도 불구하고 어릴 때부터 어려운 사람을 보면 도와주려고 애썼다.

페스탈로치의 부모님도 남에게 잘 베푸는 사람이었다. 아버지는 의사였는데 환자가 돈이 있든 없든 정성을 다해 치료해 주었다. 그러다 과로로 병에 걸렸고 페스탈로치가 다섯 살 때 그만 세상을 떠나고 말았다.

외삼촌이 아버지가 안 계신 페스탈로치의 가족을 돌봐 주겠다고 했지만 페스탈로치의 어머니는 "제 아이들은 제 힘으로 키우겠어요." 하고 그 제안을 거절했다. 어머니는 신앙심이 깊고 의지가 굳센 분이었다. 아끼고 절약하며 살았지만 불우 이웃을 돕는 기부금은 꼬박꼬박 냈고, 집에 불쌍한 사람이 찾아오면 먹을 것을 주며 친절히 대해 주었다.

어머니는 돈을 벌기 위해 바느질에 매달렸다. 어머니를 도와 집안일을 하는 바벨리 누나가 페스탈로치를 잘 보살펴 주었다.

페스탈로치는 방학 때는 시골에 계신 할아버지 댁에서 지냈다.

"네 이름도 이 할애비가 지었단다. '요한 하인리히 페스탈로치'. 요한은 예수님의 제자이고, 하인리히는 교회를 잘 보호해 준 독일 왕이었어."

할아버지는 목사였고, 주변의 어려운 사람들을 많이 도와주었다. 농가에서 열리는 기도 모임에도 페스탈로치를 데려갔다. 페스탈로치는 시골 사람들이 어떻게 사는지 가까이에서 볼 수 있었다.

"할아버지, 이 마을엔 당장 먹을 끼니가 없으신 분이 많아요. 참, 안됐어요."

"음, 그렇단다. 할애비도 많이 못 도와주고······."

"할아버지, 걱정 마세요. 제가 어른이 되면 가난한 사람들을 돕도록 하겠어요."

페스탈로치는 할아버지를 따라 산과 들로 다니며 마음껏 뛰어놀았다. 그러면서 점점 몸과 마음이 튼튼해져 갔다.

어머니는 적은 금액이지만 페스탈로치에게 용돈을 꼬박꼬박 주었다. 용돈을 받은 페스탈로치는 신이 나서 과자 가게로 뛰어갔다. 신중하게 과자를 고르고 집어 들었는데 가게 주인의 외동딸인 안나가 빤히 페스탈로치를 쳐다보았다. 페스탈로치는 슬그머니 돈을 내밀었다.

"돈은 넣어 둬. 과자는 그냥 줄게."

일곱 살이 위인 안나 누나와 친해지면서 나중에 "왜 돈을 받지 않았냐?"고 물어보았다.

"어머니가 힘들게 벌어서 주신 돈이잖아. 과자보다는 더 소중하고 가치 있는 일에 써야지."

'안나는 참 현명하구나!'

페스탈로치는 이 지혜로운 소녀를 마음에 두었다. 안나는 훗날 그의 아내가 되었다.

 고민 끝에 농사를 짓다

1763년, 페스탈로치는 취리히에 있는 카를리눔 대학에 들어갔다. 할아버지처럼 목회 생활을 하려는 생각으로 신학 공부를 했다. 페스탈로치는 역사와 정치학을 가르치는 보드머 교수를 존경했다. 보드머 교수는 강의 시간 외에도 학생들과 자주 어울렸는데 이런 말을 많이 했다.

"귀족들은 너무 사치스럽고 불쌍한 사람들의 이익을 독차지합니다. 여러분과 같이 젊은 사람들이 잘못된 세상을 바로잡아야 합니다."

페스탈로치와 더불어 보드머 교수에게 감명을 받은 학생들이 모여서 '스위스 협회'를 만들었다. 그들은 검소하게 살기 위해 빵과 채소만 먹고, 헌옷을 입고 다니며, 딱딱한 침대에서 아무것도 덮지 않고 잠을 잤다. 그들을 '애국자단'이라고 불렀다. 그 회원 중에는 안나의 동생도 있어서 페스탈로치는 안나와도 어울릴 기회가 많았다.

'애국자단'이 되고 나서 페스탈로치는 목사가 되려던 생각을 바꾸었다.

'목사가 되어서는 불평등한 사회를 바꿀 수 없어. 법률가가 되어야겠어.'

하지만 그 생각도 접어야 했다. 사람들은 이미 페스탈로치를 혁명가로 여겨서 페스탈로치가 나타나면 수군거렸다. 그런 상황에서 법정에 서기는 힘들었다. 게다가 그는 건강마저 나빠졌다.

페스탈로치는 같은 애국자단이면서 가장 친한 친구인 블룬출리를 만나서 자주 이야기를 했다.

"페스탈로치, 앞으로 무엇을 할 생각인가?"

"요즘 루소의 『에밀』이라는 책을 읽었는데, 루소의 말처럼 자연으로 돌아가서 농민이 되어 볼까 생각 중이야. 가난하고 불쌍한 농민과 함께 잘살 수 있는 방법을 찾고 싶어."

시간이 지나면서 페스탈로치의 건강은 더 나빠졌고, 블룬출리도 폐병에 걸려 둘 다 애국자단 활동을 할 수 없었다.

어느 날, 페스탈로치가 블룬출리를 만나러 갔는데, 거기에 안나도 와 있었다. 책을 읽어 주러 온 것이었다.

블룬출리는 자리에서 일어나기도 힘들 정도로 병이 깊어져 있었다.

"페스탈로치, 자네는 너무 착해. 쿨룩쿨룩. 자네의 부족한 점을 곁에서 채워 줄 친구가 있어야 해."

며칠 뒤, 블룬출리는 세상을 떠났다. 슬픔에 잠긴 페스탈로치를 안나가 따뜻하게 위로해 주었다. 페스탈로치는 안나에게 사랑을 느끼기 시작했다. 안나는 아름다웠다. 하지만 살짝 곰보인 자신의 얼굴이 신경 쓰였다. 게다가 안나는 부잣집 딸인데 페스탈로치는 매우 가난했다.

안나는 말했다.

"그런 것은 중요하지 않아요, 페스탈로치. 당신의 따뜻한 마음씨와 무엇을 하고자 하는 열정은 정말 고귀한 거예요."

안나의 집안에서 결혼을 반대했기 때문에 둘은 좀 더 기다리기로 했다.

그 사이 페스탈로치는 취리히를 떠났다. 떠나기 전 지금껏 공부했던 정치와 법률에 관련된 책을 모두 불태워 버렸다.

페스탈로치는 농사를 짓기로 결심하였다. 그리고 얼마 동안 농사일을 해 보았다. 차츰차츰 경험이 쌓이자 농사에 자신감이 생겼다. 페스탈로치는 비르페르트에 버려진 땅을 샀다. 그러나 그 땅만으로는 부족해서 부자 친구를 찾아가 도움을 청했다. 그 친구의 아버지가 농장 경영을 공동으로 하는 조건으로 페스탈로치에게 돈을 빌려 주었다.

안나는 부모님께 단호하게 얘기해서 결혼을 허락받았다. 안나의 부모는 결혼식에는 참석하지 않았지만 나중에 둘의 결혼을 축복해 주었다.

페스탈로치는 안나와 함께 농사일을 본격적으로 시작하였다. 페스탈로치는 메르키라는 일꾼을 고용했다. 그리고 그에게 믿고 일을 맡겼다. 그런데 메르키는 농작물을 훔치고 페스탈로치가 실패할 거라는 소문을 내고 다녔다.

결국 돈을 빌려 주었던 사람은 돈을 찾아가 버리고 페스탈로치는 빚만 잔뜩 지게 되었다. 페스탈로치는 앞날이 깜깜하게 느껴졌다.

"안나, 농장 경영을 잘못해서 쫄딱 망했소. 이런 내가 앞으로 무엇을 할 수 있겠소?"

"여보, 당신이 왜 농민이 되려고 했나를 생각해 봐요. 부자가 되려고 농사를 시작한 건 아니잖아요."

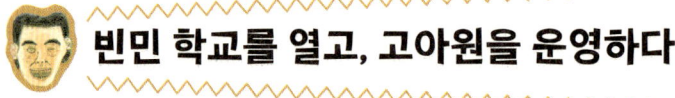
빈민 학교를 열고, 고아원을 운영하다

페스탈로치는 농사일을 하는 틈틈이 아들 야콥 교육에 많은 힘을 쏟았다. 그의 교육법은 아이에게 무언가를 강제로 가르치지 않고 스스로 배우도록 지켜보는 것이었다.

"아빠, 학교 안 가도 돼요?"

"그럼, 글자도 가르치지 않을 거야. 산과 들을 다니는 게 공부야. 그 대신 알고 싶은 게 있으면 물어보고 같이 답을 찾도록 하자."

사실 페스탈로치도 야콥이 어떻게 자랄지 알 수 없었다. 그는 꼼꼼하게 육아 일기를 썼다. 야콥은 가르치지 않아도 자연 속에서 필요한 것을 충분히 배워 나갔다. 페스탈로치는 교육에 자신감이 생겼다.

"안나, 우리가 해야 할 일을 알아냈소. 가난한 아이들을 모아 가르칩시다."

"그것 참 좋은 생각이에요."

안나의 지지에 페스탈로치는 용기를 얻었다.

다행히 땅 조금과 노이호프가 남아 있었다. 노이호프는 '새 집'이란 뜻으로 농장 한가운데에 지었던 집이다. 페스탈로치는 가난한 집의 아이들과 거지 아이들을 노이호프에 데려왔다.

아이들은 보살핌을 못 받고 커서 그런지 말도 거칠고 행동도 제멋대로였다.

"안나, 뒷바라지하기가 힘들지요?"

"여보, 아이들 눈빛이 참 맑아요. 나쁜 환경만 아니라면 모두 착한 아이였을 거예요."

"나도 그렇게 생각하오. 아이들에게 새 옷을 입히고 음식도 충분히 먹게 합시다. 그리고 일하는 습관도 길러 주어 스스로 살아갈 수 있게 해야겠소."

페스탈로치는 아이들에게 농사짓는 것도 가르치고 실을 잣는 법도 알려 주었다. 밤에는 공부를 하게 했다. 같은 방에서 함께 먹고 자면서 아이들을 돌보았다. 아이들은 처음 들어올 때보다 표정이 밝아지고 건강해졌다.

집을 나갔던 아이로스도 무사히 돌아왔다. 페스탈로치가 눈보라를 헤쳐 가며, 낡은 창고 문을 열었을 때, 인기척이 느껴졌다. 창고 안쪽에 아이로스가 웅크리고 있었다.

"아이로스, 혼자서도 잘 견뎠구나. 잘했어. 훌륭하다."

덜덜 떨고 있는 아이로스를 페스탈로치는 따뜻하게 감싸 안았다.

그 후 페스탈로치는 아이로스를 더 따뜻하게 품어 주었다. 시간이 지나면서 아이로스는 정말 밝고 착한 아이가 되었다.

페스탈로치는 아이로스뿐 아니라 모든 아이들에게 더 많은 사랑을 주고자 애를 썼다.

하지만 학교 운영은 점점 힘들어졌다. 아이들은 늘어나는데 먹을 것은 부족했다. 게다가 나쁜 품성이 남아 심하게 싸우고, 새 옷을 입고 도망치는 아이도 있었다. 일을 시키고 품삯을 주지 않는다고 떼쓰는 부모들도 있었다. 그러자 빈민 학교에 대해 나쁜 소문이 퍼지고 후원금이 전혀 들어오지 않게 되었다. 그 와중에 피부병과 홍역으로 앓아눕는 아이들까지 생겨났다. 가뜩이나 먹을 것도 부족한데 우박이 내려 곡식도 거두지 못하였다.

안나까지 너무 과로해서 드러눕게 되자 결국 빈민 학교는 세운 지 6년째 되는 해에 문을 닫고 말았다. 빚쟁이에게 거의 모든 재산이 넘어갔다. 노이호프는 남았지만 땅은 남아 있지 않았다.

괴로운 일 가운데 기쁜 일도 있었다. 엘리자베트라는 아가씨가 페스탈로치를 돕겠다고 찾아왔다. 학교는 많이 안 다녔지만 신앙심이 깊은 아가씨였다. 엘리자베트는 노이호프의 식구가 되어 집안일과 농사일을 거들었다. 안나가 병이 들어 집 안이 말이 아니었는데 엘리자베트 덕분에 깨끗해지고 밝아졌다. 엘리자베트는 안나의 병간호도 해 주었다.

쉬고 있는 페스탈로치에게 잡지사에 다니던 친구 이젤린이 지금까지 경험한 것과 생각을 글로 써 보라고 했다.

페스탈로치는 차근차근 자기의 생각을 정리하여 정성껏 글을 썼다.

흡족하고 배부르게 먹은 젖먹이는 어머니를 통해 감사하는 마음과 사랑을 키웁니다. 아버지가 주는 빵을 먹으면서 아버지와 나란히 화로에서 불을 쬐는 자녀는, '의무'니, '감사'니 하는 낱말을 이해하기도 전에 자연스럽게 자녀의 도리를 다하게 됩니다.

그가 쓴 글은 1780년, 『은자의 황혼』이라는 책으로 세상에 나왔다. 하지만 내용이 너무 어려웠는지 별로 관심을 끌지는 못했다.

그다음 해에는 조금 내용을 쉽게 썼다. 책 제목은 『린하르트와 게르투르트』로, 벽돌 직공인 린하르트와 아내 게르투르트가 주인공이다. 교육을 통해 참된 인간이 된다는 내용이었다. 여주인공 게르투르트는 바벨리와 엘리자베트를 모델로 해서 썼다. 『린하르트와 게르투르트』는 사람들에게 많은 인기를 얻었다. 출판사의 요구로 『린하르트와 게르투르트』는 4권까지 나오게 되었다.

1798년에는 스위스에 큰일이 일어났다. 프랑스 군대가 쳐들어온 것이다. 프랑스 군대는 스위스에 머물다가, 슈탄스를 공격했다.

그즈음, 페스탈로치는 친구인 슈타파를 찾아갔다. 슈타파는 교육부 장관을 하고 있었다.

"슈타파, 빈민 학교를 세우는 일은 차근차근 준비 중이네. 언제쯤 지원이 가능할까?"

"슈탄스가 공격을 받는 바람에 빈민 학교 설립 지원은 어려워졌어. 그 대신 정부의 관리가 되어 일해 주지 않겠나?"

페스탈로치는 말했다.

"나는 관리가 되어 잘 먹고 잘살 생각은 없네. 가난한 사람과 고아를 위해 살 거네."

"허허, 내가 잠시 자네가 어떤 사람인 줄 잊고 부탁을 하였네. 그 대신 정부에서 슈탄스에 고아원을 세우기로 했네. 자네가 그 고아원을 맡아 주지 않겠나?"

"그 일은 기꺼이 하겠네."

페스탈로치는 고아원을 운영하기 위해 홀로 슈탄스로 떠났다. 슈탄스에 가 보니 고아원이라지만 시설도 없고 아이들의 모습은 참으로 비참하였다. 제대로 걸을 수 없을 정도로 가려움증이 심한 아이, 종기에서 고름이 터져 나오는 아이……. 아이들은 가난과 전쟁을 겪으며 받은 고통으로 마음도 병들어 있었다. 거짓말을 하고 남의 물건을 훔치고, 사람들을 믿지 않았다.

페스탈로치는 아이들의 옷도 빨아 주고 아이들과 함께 잤다. 자신의 옷도 내주고 병이 난 아이의 대소변도 받아 내었다. 페스탈로치는 한시도 아이들 곁을 떠나지 않았다. 아이들은 페스탈로치의 사랑을 받아들이면서 점점 밝아졌다. 나중에는 공부도 재미있다며 스스로 하겠다고 했다.

이런 아이들을 보며 페스탈로치는 깨달음을 얻게 되었다.

'어떤 상황이라도 사랑을 충분히 주고 가르치는 방법이 좋으면, 아이들은 공부를 재미있어 해. 스스로 배우려고 해야 참다운 교육이라 할 수 있지.'

페스탈로치는 이 아이들을 잘 가르치고 싶었다.

그러나 프랑스 군대가 슈탄스 지방에 진지를 만들면서 고아원을 육군 병원으로 쓰겠다고 했다. 결국 슈탄스 고아원의 아이들은 흩어졌다. 고아원을 만든 지 6개월 만이었다. 페스탈로치는 슬픔에 잠긴 아이들의 눈망울을 잊을 수가 없었다. 다시 슈탄스 고아원을 운영하고 싶었지만, 뜻대로 되지 않았다.

자유롭고 사랑이 가득한 학교를 세우다

"난 초등학교에 들어가 아이들을 가르쳐 보고 싶어."

페스탈로치는 친구들과 이야기를 나누었다. 한 친구가 말했다.

"자네의 교육 방법을 헐뜯는 사람들이 많아서 자네를 학교로 불러들이기를 망설이는 것 같아."

"어린이한테도 고유한 인격이 있고, 각자의 개성이 있으니 그에 맞춰 가르쳐야 한다는 건데……. 왜 못마땅해할까?"

"아직 자네 생각을 받아들이기가 힘들 거야. 매를 들어서라도 외우게 해야 제대로 된 공부라고 생각하는 사람이 많으니…….."

친구들도 안타까워했다. 그때 또 다른 친구가 무릎을 쳤다.

"오, 부르크도르프에 있는 빈민 학교에 보조 교사 자리가 하나 있다던데, 가볼 텐가?"

"물론, 가르칠 수만 있다면 어디든 가겠네. 가난해도 교육만 공평하게 받을 수 있다면 아이들의 미래는 지금보다는 좋아질 거야."

페스탈로치는 얼마 후, 부르크도르프에 있는 빈민 학교로 갔다. 그 학교의 교장은 구둣방 주인이었다. 교장은 아이들 교육보다는 구두를 고쳐 돈을 버는 일에 더 신경을 썼다. 제대로 가르치지도 않고, 강압적이고 툭하면 회초리를 들었다.

'아, 이 불쌍한 아이들을 잘 가르치고 싶어. 어떻게 하면 아이들이 재미있게 배울까?'

페스탈로치는 돌을 얇게 깎아 만든 석판에 아이들이 그림을 그리거나 글씨를 쓰게 했다. 주변에 있는 사물들을 가지고 산수도 가르쳤다. 아이들은 점점 공부에 흥미를 느꼈다. 아이들은 페스탈로치를 '아버지'라고 부르며 그를 따랐다. 그러자 교장은 샘이 났다.

"새로 온 선생이 아이들을 이상한 걸로 꼬드기고 있어요."

교장은 학부모들에게 페스탈로치에 대해 나쁘게 얘기했다. 결국 페스탈로치는 빈민 학교를 떠나야 했다.

그 뒤에 부자 아이들이 다니는 학교에서 일하게 되었는데, 이 학교에

서는 실제로 물건을 보여 주며 가르치는 방법을 썼다. 정부에서는 이러한 페스탈로치의 교육 방법이 훌륭하다고 하여 상을 주었고, 부르크도르프에 있는 옛 성을 쓰도록 허락하고 경제적 후원도 해 주었다.

드디어 페스탈로치는 원하는 빈민 학교를 세우게 되었다. 학교가 좋다고 소문이 나자 좋은 교사들도 많이 지원했다. 많은 사람들이 이 학교의 교육 방법을 배우려고 다녀갔다. 정부의 지원과 후원자의 도움으로 학교는 점점 더 자리를 잡아 갔다. 자유롭고 사랑이 가득한 학교였다. 페스탈

로치도 아이들과 함께 뛰어놀고 같이 공부했다.

학교 수업은 이렇게 이루어졌다. 모든 선생님과 아이들이 새벽에 일어나 운동장에 모이고 서로 인사를 나눈 뒤 기도를 드렸다. 기도가 끝나면 6시부터 공부를 하고 밥을 먹었다. 그 뒤에는 하고 싶은 것을 하며 자유롭게 놀다가 점심을 먹었다. 그런 뒤 오후 4시까지 공부를 했다. 저녁을 먹은 뒤에는 걸어다니면서 돌이나 식물들을 채집했다. 밤 9시가 되면 기도를 드리고 잠을 자게 했다. 잘못한 일이 있어도 아이들을 때리거나 벌

주는 일은 절대로 없었다.

하지만 몇 년 뒤, 스위스 정부의 책임자들이 바뀌면서 후원이 끊어졌고, 학교 운영은 힘들어졌다. 마침내 빈민 학교는 문을 닫게 되었다. 페스탈로치와 선생님들은 아이들과 있을 곳을 찾았다. 그들은 잠시 낡은 수도원에 머물렀다가, 이베르돈 시로 갔다.

다행히 이베르돈에서는 그들을 기쁘게 받아들였고 학교로 쓸 성도 빌려 주었다. 1804년부터 1825년까지 20여 년 동안 페스탈로치는 이베르돈에서 그의 교육 철학을 마음껏 꽃피울 수 있었다. 페스탈로치의 훌륭한 교육 덕분에 학교는 점점 발전했다. 아이들은 페스탈로치를 '아버지'라고 불렀다.

이베르돈 학교의 교육법을 배우고자 다녀가는 많은 사람들에게 페스탈로치가 말했다.

"아이들은 잘하는 것이 다 달라요. 아이들 특성에 맞춰 가르쳐야 해요. 우리 학교에서는 학과 공부만 하지는 않아요. 체력을 기르기 위해 기본적인 군사 훈련도 하고 채소나 꽃을 기르는 농사일도 가르칩니다. 하지만 교육법보다 더 중요한 것은 사랑하는 마음이에요."

이베르돈의 학교는 세계적으로 유명해졌다. 유럽 곳곳의 학생들이 이 학교에 모여들었다. 독일의 철학자 피히테와 러시아, 프러시아, 네덜란드의 왕들도 와서 보고 갔다. 프뢰벨 같은 교육자들은 계속 머무르면서 페스탈로치의 교육 방법을 연구했고 자신들의 교수법에 접목시켰다.

이제 더 이상 힘든 일은 없을 것 같았다. 그런데 그만 아내 안나가 세상을 떠나고 말았다.

'평생 뒷바라지하느라 고생만 했는데…….'

페스탈로치는 슬픔에 겨워 음식을 먹는 것도 힘들어 했다.

그 와중에 학교에도 문제가 생겼다. 슈미트와 니데러 선생이 사사건건 부딪쳐 싸우더니 결국 니데러가 학교를 떠났다. 니데러는 학교를 그만둔 뒤에도 슈미트를 학교에서 쫓아내려고 갖은 수를 다 썼다.

그런 가운데 학교는 아이들과 선생님이 줄고 엉망이 되어 갔다. 고민 끝에 페스탈로치는 슈미트에게 노이호프로 함께 가서 빈민 학교를 세우자고 했다. 페스탈로치는 슈미트와 4명의 고아를 데리고 노이호프로 왔다.

하지만 노이호프로 와서 빈민 학교를 세우려고 한 계획은 이루어지지 못했다. 빈민 학교를 좋지 않게 보는 사람들이 많아서 기부금을 모을 수 없었기 때문이었다. 페스탈로치는 빈민 학교 설립은 포기하고 글을 썼다. 『백조의 노래』, 『운명』 등의 책이 세상에 나왔다.

그리고 페스탈로치는 노이호프로 온 지 2년 후, 조용히 눈을 감았다. 사람들은 페스탈로치의 묘지에 다음과 같이 새겼다.

모든 것을 남을 위해 바치고, 자기에게는 아무것도 남기지 않았다.

요한 하인리히 페스탈로치의 삶을 다시 한 번 따라가 볼까요.

요한 하인리히 페스탈로치
(1746 ~ 1827)

1763년 17세
취리히에 있는 대학에 입학하였다.

1766년 20세
병을 얻게 되어 대학을 중퇴하였다.

1768년 22세
농사일을 시작하였다.

1769년 23세
안나와 결혼하였다.

1746년
1월 12일, 스위스의 취리히에서 태어났다.

1750년
1751년 5세
아버지가 돌아가셨다.

1754년 8세
라틴어 학교에 입학하였다.

1760년

1827년
81세
2월 17일, 노이호프 근교에서 세상을 떠났다.

1820년
1825년 79세
이베르돈 학교가 폐교되었다. 노이호프로 돌아와 『백조의 노래』, 『운명』 등을 썼다.

1846년
탄생 100주년을 기념하기 위해 묘역을 조성하고 묘비도 만들었다. 페스탈로치의 교육 사상은 지금도 교육가들에게 큰 영향을 미치고 있다.

1770년 24세
아들 야콥이 태어났다.

1774년 28세
'노이호프'에 가난한 어린이를 위한 학교를 만들었다.

1770년

1780년

1780년 34세
'노이호프' 학교가 문을 닫았다.
1787년까지 『은자의 황혼』, 『린하르트와 게르투르트』 등의 책을 펴냈다.

1800년

1790년

1800년 54세
부르크도르프에서 새 학교를 운영하였다.

1804년 58세
이베르돈에서 학교를 운영했다.

1808년 62세
'스위스 교육협회'를 세웠다.

1815년 69세
안나가 세상을 떠났다.

1798년 52세
슈탄스 고아원의 책임자가 되었다.

1799년 53세
부르크도르프에서 교사로 일했다.

교육의 불평등

우리 학교를 구해 주세요

"아빠, 나는 열심히 공부해서 의사가 될래요."

"말랄라, 네가 의사가 되고 박사가 되는 것도 좋지만 여성이 박사 학위를 쉽게 딸 수 있는 사회를 만드는 건 어떠니?"

"하지만 난 정치는 싫어요."

"그래. 무엇을 하든 말랄라는 새처럼 자유롭게 살 거야."

아버지 지아우딘은 딸의 날개를 꺾지 않고 마음껏 공부하게 했어요. 지아우딘은 남녀 공학을 세우고 교장으로 학교를 이끌어 왔어요. 말랄라는 아버지를 따라다니며 자연스럽게 파키스탄 사회에 눈을 뜨게 되었어요. 말랄라가 사는 파키스탄의 밍고라를 점령한 탈레반은 사람들을 탄압하고 수백 개의 학교를 부수었어요.

아버지 지아우딘은 탈레반과 적극적으로 싸우기로 결정했어요. 이때부터 말라라는 의사의 꿈을 접고 정치를 해야겠다고 생각했어요.

말랄라는 자신이 할 수 있는 일을 했어요. 2009년 1월부터, 말랄라는 영국 BBC의 우르두어 블로그에 '굴 마카이'라는 필명으로 탈레반 치하의 삶에 대해 일기를 쓰기 시작했어요. 탈레반이 자기들의 말을 따르지 않았다는 이유로 사람들을 마구 죽여서 시체가 매일같이 마을 광장에 쌓이던 위험한 날들이었어요.

탈레반이 여학생들의 등교를 막았어요. 저는 말하고, 공부하고, 시장에 갈 권리를 갖고 있어요. 우리 학교를 구해 주세요.

'굴 마카이'의 블로그는 유명해졌어요. 사람들은 이 일기를 쓰는 소녀가 누구인지 궁금했고, 결국은 말랄라의 정체가 드러났어요. 뉴욕타임즈에서 말랄라의 삶을 다룬 다큐멘터리를 만들면서 더 유명해졌어요. 탈레반은 말랄라의 가족을 죽이겠다고 위협했어요.

2012년 10월 9일, 학교에서 집으로 돌아오는 스쿨버스에 탈레반 병사가 들이닥쳐 총을 쏘았어요. 총알이 말랄라의 머리와 목을 지나갔어요. 목숨이 위태로웠어요. 치료를 위해 영국 병원으로 옮겨졌고, 말랄라는 기적적으로 살아났어요. 말랄라는 영국에 남았어요.

말랄라의 사건이 보도되자 세상도 움직였어요. 여성 교육권 운동에 200여 만 명이 서명했고 파키스탄에서는 재빠르게 교육 권리 법안이 통과되었어요.

말랄라는 그 공을 인정받아 많은 상을 받았어요. 그리고 2014년 10월, 말랄라 유사프자이는 17세의 나이로 노벨 평화상까지 수상했어요.

말랄라는 말했어요.

"나는 말랄라이면서 학교 밖으로 내몰린 수천 수백만 명의 아이들입니다……. 우리가 책과 펜을 들 수 있게 도와주세요. 한 명의 아이가, 한 선생님이, 한 권의 책과 하나의 펜이 세상을 바꿀 수 있어요. 유일한 해결책은 교육입니다."

불평등 줄이기

어떤 나라에서는 모든 어린이가 의무 교육을 받지만, 어떤 나라에서는 학교에 가고 싶어도 상황이 안 돼 갈 수가 없어요.

교육의 불평등이 심해지는 데는 여러 원인이 있지만, 그중 경제적인 차이가 큰 영향을 미쳐요. 경제적으로 여유 있는 나라 사람들이 교육을 더 많이 받을 수 있어요.

가난한 나라나 가난한 집의 자녀들은 학교를 다니고 교육을 받으면 더 나은 삶을 살 수 있지요. 하지만 학교를 갈 수 있는 상황이 안 되고 더욱 가난해지는 악순환이 반복되어요.

교육의 불평등이 심해졌을 때의 가장 큰 문제는 그나마 가난한 사람들이 교육을 통해 더 나은 삶을 살 수 있는 길이 막혀 버리는 거예요. 그것은 열심히 노력해서 좀 더 나은 삶을 꿈꿀 수 있는 통로가 막혀 버리는 것이지요.

모든 어린이들이 걱정 없이 공부할 수 있는 환경이 되어야 불평등이 조금이라도 줄어들어요.

카네기는 왜 회사를 팔았을까?

"카네기 씨, 세계에서 가장 부유한 사람이 되었군요. 진심으로 축하합니다."

모건은 거래가 끝나고 카네기에게 말했다.

1901년, 카네기는 카네기 철강 회사를 4억 8천만 달러에 뉴욕의 은행가인 모건에게 팔았다.

카네기는 아름다운 숲속에 지어진 호화로운 별장에 머물면서 집사의 시중을 받으며 편안한 날을 보냈다. 마음이 내키면 좋아하는 사람들과 여행을 떠났고 사랑하는 부인과 딸에게도 원하는 것을 사 주었다. 쉰두 살이라는 늦은 나이에 결혼을 하고 그로부터 10년 뒤 태어난 딸 마거릿과 행복한 시간을 갖기도 했다. 가만히 있어도 회사에서는 돈이 굴러 들어왔다. 굳이 회사를 팔지 않아도 부자로서 누릴 수 있는 기쁨을 충분히 누리고 있는 중이었다.

카네기는 책으로 가득 찬 서재를 둘러보았다. 대리석으로 만든 탁자와 고급스런 가죽 소파도 보였다. 탁자 위에 카네기 홀 사진도 눈에 들어왔다. 자신의 이름을 넣어 만든 카네기 홀에서는 멋진 공연이 펼쳐졌다.

'부자가 되니, 할 수 있는 일이 참 많군.'

카네기는 잠시 자신에게 돈을 버는 재능이 있다는 것에 감사했다. 사람들도 카네기에 대해 가장 궁금해하는 것은 어떻게 부자가 되었는가 하는 것이었다.

하지만 지금 카네기의 마음속에 있는 생각은 오직 하나뿐이었다.

'회사를 판 돈을 어떻게 쓰는 게 좋을까?'

가난이라는 괴물

카네기는 마당에서 풀을 먹고 있는 토끼들을 바라보았다. 처음에 토끼 두 마리로 시작했는데 새끼를 쳐서 어느새 열두 마리로 늘어났다.

카네기는 평소에도 동물을 기르는 것을 재미있어 했지만 이번에 토끼를 기르는 데는 특별한 목적이 있었다. 토끼를 팔아서 돈을 마련하려는 것이었다.

'휴, 토끼가 많아지니 혼자서 토끼 먹이를 구하기가 힘든걸.'

카네기가 이런 고민에 빠져 있을 때 마침 친구들이 토끼를 구경하겠다며 카네기 집에 놀러 왔다.

　친구들은 토끼가 오물거리며 풀을 먹는 모습을 보며 신기해했다. 그 모습을 보자, 카네기에게 좋은 생각이 떠올랐다.

　"얘들아, 너희들도 토끼를 귀여워하는구나. 그래서 말인데……. 토끼에게 너희 이름을 지어 주면 어떨까?"

　"오, 좋아. 난 이 토끼가 맘에 들어. 이 토끼한테 내 이름을 붙여 줘."

　친구들이 한 마리씩 마음에 드는 토끼들을 골랐다.

　"그 대신 자기 이름의 토끼가 먹을 풀은 각자 구해 와야 해."

　그날부터, 친구들은 자기 이름의 토끼에게 열심히 먹이를 갖다 주었다. 덕분에 토끼는 무럭무럭 자랐다. 카네기는 이 일을 통해 어떤 일을 잘 하기 위해서는 동기 부여가 매우 중요하다는 것을 깨달았다.

카네기는 또래보다 학교를 늦게 들어갔다. 보통 다섯 살에 학교를 갔지만 부모님은 카네기가 공부에 흥미가 없는 듯하여 억지로 보내지 않았다. 그래서 여덟 살이 되어서야 학교에 들어갔다. 카네기는 학교에 들어간 뒤, 공부가 너무 재미있어 학교를 쉬는 날이 싫을 정도였다. 그런데도 가끔 지각을 했다.

어느 날, 마틴 선생님이 엄한 표정을 지으며 물어보았다.

"너, 왜 자꾸 지각을 하는 거니?"

"선생님, 죄송해요. 집에 우물물을 길어 놓고 와서 그래요."

"그럼, 일찍 우물에 가면 되잖아."

"제가 아침에 일찍 가도 소용없어요. 제가 자고 있는 밤중에 아줌마들이 물동이를 갖다 놓거든요. 잠을 안 자고 물동이만 지킬 수는 없잖아요."

"음, 그렇구나. 앤드루는 집안일을 돕느라고 늦는단 말이지, 허허."

마틴 선생님의 표정이 밝아졌다. 마틴 선생님은 '호랑이 선생'이란 별명이 붙을 정도로 무서운 분이었지만 카네기를 예뻐하였다. 아이들은 카네기를 '마틴의 애완동물'이라고 놀렸다.

그렇다고 카네기가 우물가에서 말도 못하고 무작정 기다리기만 한 건 아니었다. 카네기는 우물가에서 드세기로 소문난 아줌마라도 잘못된 행동을 하면 '이렇게 하면 안 된다.'고 또박또박 잘못을 지적하곤 했다. 동네에서는 그런 카네기를 보고 '맹랑한 녀석'이라고 했다. 카네기는 나중에 사업을 할 때도 틀린 경우에는 꼭 따져서 바로잡으려고 했다.

카네기가 사는 동네에는 옷감 짜는 일을 하는 사람들이 많았다. 그중에서도 카네기의 아버지 윌리엄 카네기는 옷감 짜는 솜씨가 뛰어났다. 하지만 기계로 만든 천이 값싸게 팔리면서 손으로 직접 짠 비싼 옷감이 팔리지 않았다. 점점 집안 형편이 어려워졌다.

어머니는 현관문 앞에서 채소와 과자 등을 팔았고 삼촌 옆에서 구두를 꿰매는 걸 도와주었다. 어머니는 "부지런히 일하면 돈을 벌 수 있어. 돈은 양식을 먹게 해 주지." 하면서 물건을 파는 걸 부끄러워하지 않았다. 어머니는 늘 절약하며 성실하게 사는 분이었다. 카네기는 어머니가 살아 계시는 동안은 결혼을 하지 않을 거라고 맹세할 정도로 어머니를 존경했다.

카네기가 열 살 무렵, 이제 아버지에게 더 이상 일감이 들어오지 않았다. 가난에 찌든 자신의 집을 보고 카네기는 결심을 했다.

'가난이라는 괴물을 우리 집에서 반드시 없애 버릴 거야.'

카네기 가족은 옷감을 짜던 낡은 직물기를 팔고, 이모가 있는 미국으로 가는 논의를 했다. 다행히 미국에 먼저 간 호건 이모네한테서 편지가 한 장 날아들었다.

> 미국에서는 희망을 가질 수 있어.
> 일하고자 마음만 먹으면 충분히 살 수 있단다.

카네기 가족은 미국에 가기 위해 갖고 있는 모든 것을 팔았지만 돈이 모자랐다. 결국 어머니 친구에게서 모자란 돈을 빌려 겨우 미국으로 갈 차비를 마련했다.

미국으로 떠나기 전 카네기는 자신이 태어난 작은 시골 마을을 둘러보았다. 붉은 기와로 덮인 회색 벽돌집이 카네기 집이었다. 2층 다락방에서는 온 가족이 함께 모여 이야기를 나누었다. 카네기는 친구들과 수도원이나 묘지 근처에서도 자주 놀았다. 구불구불 펼쳐진 길들, 건물, 그리고 건물 틈 사이에 나 있는 틈이나 구멍까지 모르는 것이 없을 정도였다. 밤에도 마을을 돌아다니는 것을 좋아했다. 가끔 조지 라우더 이모부의 무서운 이야기를 듣고 집으로 갈 때면 어둑한 가운데, 낡은 수도원 건물이 으스스해 보이고 스산한 바람 소리가 나면 꼭 무슨 비명이 들리는 것 같았다. 벌벌 떨면서 갔지만 친구들에게는 하나도 안 무섭다고 했다.

카네기는 배를 타고 점점 멀어지는 집을 생각하니, 눈물이 났다. 하지만 카네기는 슬퍼하고만 있지는 않았다.

3등 선실은 좁고 불편했지만, 항해를 하는 7주 동안 카네기는 선원들과 아주 친해졌다. 갑판장의 지시 사항을 얼른 승객들에게 뛰어가 알려 주기도 했다. 카네기는 선원들의 식사 자리에 초대 받아 맛있는 요리도 맛보았다. 항해가 끝났을 때는 오히려 섭섭한 생각이 들 정도였다.

카네기가 부자가 된 이야기

"처음 받은 주급이에요. 지금은 1달러 20센트지만, 앞으로 점점 늘어날 거예요."

카네기는 한달음에 달려와 일주일 동안 일해서 번 돈을 부모님께 내밀었다. 카네기는 가족을 위해 무언가를 할 수 있는 자신이 자랑스러웠다. 열세 살이라는 어린 나이였지만 스스로 자신을 책임지고 자신의 일을 결정할 수 있다는 것이 뿌듯했다.

미국에 와서 카네기가 처음 일한 곳은 방직 공장이었다. 실을 감는 수습공이었다. 카네기는 그 일을 반 년 정도 했다.

그다음에는 다른 방직 공장의 지하실에서 보일러 불을 책임지는 일을 맡았다. 증기 기관을 보일러 불로 작동시키는 것이기 때문에 카네기가 조

금이라도 실수를 하면 공장의 기계가 멈출 뿐 아니라 잘못하면 폭발할 수도 있었다. 집에 가서도 잠을 못 잘 정도로 힘든 일이었지만, 부모님에게는 매일 즐거운 일을 하는 것처럼 행동했다. 카네기뿐 아니라 카네기 가족들도 힘들다고 푸념하기보다는 일의 즐거움에 대해 더 많이 이야기했다.

세 번째 한 일은 피츠버그 전신국의 전보 배달부였다. 전보를 배달하려면 길을 잘 알아야 했다. 그래서 카네기는 거리의 구석구석을 외우려고 노력했다. 얼마 후 카네기는 눈을 감고도 거리의 모든 상점을 다 외울 수 있게 되었다.

카네기는 전보 배달부 일로 만족하지 않았다. 전신국에는 통신 기기로 전보를 받는 전신 기사가 있었다. 카네기는 출근 시간보다 더 일찍 전신국에 출근하여 청소를 하고 전보를 치는 연습을 했다.

그러던 어느 날, 전신 기사가 출근하기 전에 사망 전보를 보내야 한다고 호출하는 소리를 들었다. 카네기는 그 전보를 받아서 곧바로 배달했

다. 혹시 전신 기사한테 허락 없이 했다고 혼날까 봐 걱정이 되었다. 하지만 전신 기사는 이렇게 말했다.

"이 일을 자네가 했단 말인가? 대단하군. 앞으로도 이 일을 해 주게."

카네기에게는 특별한 재주가 있었다. 모르스 신호를 귀로 듣고 알아들을 수 있었다. 그러니 누구보다 빠르게 전보를 받을 수 있었다. 카네기의 실력은 곧 소문이 났고 전신 회사에서 카네기를 정식 사원으로 채용했다.

카네기가 전신 회사에 들어가고 얼마 되지 않아 피츠버그에 철도 건설을 위한 사무실이 설치되었다. 거기에 스콧 씨가 펜실베니아 철도 건설 사업의 총감독으로 왔다. 스콧 씨는 본사와의 연락을 위해 자주 전신국에 왔었는데 카네기를 귀엽게 봐 주었다.

어느 날, 스콧 씨가 물었다.

"나의 비서 겸 전신 책임자로 일해 보지 않겠나?"

전신 회사도 나쁘지 않았지만, 장래의 발전을 위해 카네기는 스콧 씨의 제안을 받아들였다.

철도 회사에 들어가고 2년 뒤, 아버지가 돌아가셨다. 그때가 스무 살이었는데, 그 이후부터 카네기는 집안을 책임지는 가장이 되었다.

철도 회사에 다닌 지, 6년 뒤에 스콧 씨는 부사장이 되었고, 카네기는 그의 자리를 이어받아 총감독이 되었다.

철도 회사에 취직하고 얼마 지나지 않아 스콧 씨가 카네기를 불렀다.

"자네 당장 500달러를 마련할 수 있겠나?"

500달러라면 당시로는 무척 큰돈이라 카네기는 의아해했다.

"애덤스 운송 회사의 주식이 있는데, 이 회사가 앞으로 크게 발전할 걸세. 돈이 부족하면 융자도 해 주겠네."

카네기는 집으로 돌아가서 가족과 의논을 했다. 어머니가 집을 담보로 삼촌에게 돈을 빌려 왔다. 애덤스 운송 회사의 주식은 큰 이익을 가져다 주었다.

카네기에게 또 좋은 기회가 왔다. 우들프라는 사람이 철도에 설치할 침대차 모형을 갖고 카네기를 찾아왔다. 카네기는 앞으로 장거리 열차를 타면 침대차를 찾는 사람들이 많을 거라고 생각했다. 펜실베이니아 철도에서도 적극적으로 받아들여 침대차를 만들기로 하였다.

얼마 후에 우들프 씨는 카네기에게 뜻밖의 제안을 했다.

"침대차를 만드는 회사를 세우려고 합니다. 주주가 돼 주시겠습니까?"

카네기는 그 제안을 흔쾌히 받아들였다. 부족한 돈은 은행에서 융자를 받았다. 침대차 사업은 크게 번성했고, 이를 발판으로 카네기는 점점 부자가 되어 갔다.

'앞으로 철강 산업이 중요할 거야. 지금 나무로 만들어진 다리들은 불에 타거나 물에 떠내려가는 일이 많아.'

카네기는 키스톤 교량 회사를 세우고 2년 뒤에는 피츠버그 레일 제조 회사를 만들었다. 서른 살이 되었을 때, 카네기는 철도 회사를 그만두고 독자적으로 철강업을 경영하기 시작했다. 유니언 제철소, 에드거 톰슨 공

장을 세우고 좋은 강철을 만들기 위한 노력을 멈추지 않았다. 사람들은 카네기를 '강철왕'이라고 불렀다.

1892년에는 모든 회사를 하나로 묶어 카네기 철강 회사를 세웠다. 그 당시 카네기 철강 회사는 미국 철강의 4분의 1 이상을 생산하였다.

그러나 그해, 카네기에게 불명예스러운 일이 생겼다. 카네기 회사에서 파업이 발생했다. 그때 카네기는 사업에서 손을 떼고 별장에서 지내고 있었다. 프릭이 사장이었는데, 노동자들을 구타하여 사망하는 사건이 일어난 것이다. 카네기는 자신은 모르는 일이라 했지만, 비난을 피할 수는 없었다. 카네기도 한때는

노동자들에게 임금을 올려줘 봐야 함부로 낭비할 것이라고 잘못 생각한 적이 있었다.

행복한 자선 사업

1875년, 카네기가 마흔 살이 되던 해, 어머니와 함께 던펌린 시를 방문해 도서관을 기증했다. 카네기는 가슴이 뭉클했다.

던펌린은 스코틀랜드의 작은 마을이었다. 카네기가 태어나 어린 시절을 보낸 곳이고 가난을 피해 떠날 수밖에 없었던 곳이었다. 카네기로서는 던펌린 시절 초등학교를 다닌 것이 학교생활의 전부였다.

카네기가 전보 배달부를 할 때 앤더슨 대령이라는 사람이 자기가 가지고 있는 책을 빌려 주었다. 카네기는 새로운 책을 보면서 많은 것을 배웠다. 나중에 수많은 도서관을 기증한 것도 그 고마움에서 비롯된 것이다.

카네기는 학교는 다니지 않았지만 꾸준히 책을 보면서 모르는 분야를 공부했다. 책을 통해 많은 지식을 접하면서 자신의 생각을 정리해 나갔다. 그리고 카네기는 자신의 생각을 정리해서 『부의 복음』이란 책을 출간하기도 했다.

카네기는 서른세 살 무렵부터 은퇴 계획을 세웠다. 은퇴하고 자신이 쓸 돈과 자선 사업에 쓸 돈, 그리고 시간을 어떻게 보낼 것인가에 대한 계획을 짠 것이다. 장래의 계획을 써서 자신에게 편지로 부칠 정도로 깊게 고민하여 미래를 설계했다.

카네기는 자신의 재산을 어떻게 사회에 돌려줄까를 생각했다.

먼저 재산을 남기는 방법을 크게 세 가지로 나누어 보았다.

첫째, 재산을 유족과 자손에게 남겨 준다.
둘째, 죽을 때 사회 공공을 위해 기증한다.
셋째, 살아 있는 동안에 경험을 살려 공공을 위해 운영한다.

카네기는 첫 번째 방법이 제일 안 좋다고 생각했다. 재산은 후손에게 짐이 될 수도 있다. 후손들이 열심히 일해야 할 이유를 잃으면 인생이 망가지는 경우를 많이 보았기 때문이다. 카네기는 자녀에게 재산이나 큰 기업을 물려주는 것은 절대 반대했다. 기업 또한 공공의 재산이니만큼, 큰 기업은 사업에 재능을 가진 사람에게 물려주어야 한다고 생각했다.

두 번째 방법도 좋지 않다고 생각했다. 기증하고 돌아가신 분의 뜻과 다르게 돈이 사용될 수도 있기 때문이다.

자선을 제대로 하려면 세 번째 방법이 좋다고 생각했다. 공공사업을 제대로 운영하는 것이 중요했다. 그래서 카네기는 어떤 사람을 도와야 할까, 어떤 형태로 도와야 할까를 고민했다.

'남에게 의존하려 하고 자기가 불편한 것을 스스로 해결하려 하지 않는

사람들을 도와줄 필요가 있을까?'

그래서 카네기는 나름의 결론을 내렸다.

'스스로 노력하고 있는 사람들을 돕도록 하자.'

또 무료로 이용할 수 있는 공공시설인 도서관, 공원, 미술관, 식물원 등을 제공하는 것, 기념비, 분수대를 설치하는 것도 부자들이 해야 한다고 생각했다. 왜냐하면 이러한 시설을 세금에만 의존한다면 쉽게 지을 수 없기 때문이다.

카네기가 본격적으로 자선 사업에 뛰어든 것은 자신의 재산을 처분한 뒤였다. 계획을 세운 뒤, 30년이 지나서야 자신의 계획을 실천에 옮긴 것이다. 그 사이에 자선 사업에 쓸 돈이 크게 늘어나 있었다.

카네기는 2,509개의 공공 도서관과 카네기 공과 대학(현 카네기 멜론 대학), 카네기 교육 진흥 재단, 각종 평화 재단을 세웠다.

1911년, 카네기는 일흔여섯 살이 되었고 카네기 재단을 세웠다. 이때쯤에는 재산의 90퍼센트 정도가 사회에 기부되어 있었다.

카네기는 말했다.

"부자가 되는 것은 좋은 거야. 그러나 베풀지 못하고 움켜쥐고만 있으면 과연 행복한 삶이라고 할 수 있을까? 사회에 돌려주지 않고 죽은 뒤에 재산을 가지고 가는 사람들은 천국에 이름이 없을 거야."

앤드루 카네기의 삶을 다시 한 번 따라가 볼까요.

앤드루 카네기

(1835~1919년)

1848년 13세
미국의 피츠버그로 이민을 갔다.

1849년 14세
전신국에 취직하였다.

1835년
11월 25일, 스코틀랜드 던펌린에서 태어났다.

1840년

1919년
84세
8월 11일, 세상을 떠났다.

카네기의 묘비에는 '여기에 자신보다 더 현명한 사람들을 주위에 둘 줄 알았던 사람이 누워 있다.'고 쓰여 있다.

1910년
1910년 75세
카네기 국제 평화 재단을 설립하였다.

1911년 76세
카네기 재단을 세웠다.

1994년
1994년 이후 빌 게이츠는 카네기의 『부의 복음』을 읽고 영향을 받아 1994년 빌 게이츠 재단을 설립했다. 워런 버핏도 카네기를 본받아 재산의 거의 전부를 기부하기로 결정했다.

1853년 18세
펜실베니아 철도 회사에 취직하였다.

1855년 20세
아버지가 돌아가시고 가장이 되었다.

1856년 21세
침대차 사업에 투자하였다. 2년 뒤부터 받는 배당금이 철도 회사에서 받는 연봉의 세 배가 넘었다.

1861년 26세
남북 전쟁 당시 북군을 위해 철도와 전신선 복구 임무를 맡았다.
침대차 회사에서 나오는 배당금으로 석유 회사에 투자해 성공을 거두었다.

1863년 28세
키스톤 교량 회사를 세웠다.

1867년 32세
유니언 제철소를 세웠다.

1850년

1860년

1870년

1875년 40세
강철 공장인 에드거 톰슨 공장을 세웠다.

1900년

1890년

1880년

1900년 65세
카네기 공과 대학을 세웠다.

1901년 66세
모건에게 회사를 팔았다.
홈스테드 노동자들을 위해 연금을 만들었다.

1902년 67세
카네기 협회를 설립하였다.

1905년 70세
카네기 교육 진흥 재단을 설립하였다.

1891년 56세
카네기 홀을 세웠다.

1892년 57세
카네기 철강 회사를 세워 모든 회사를 합쳤다.

1897년 62세
딸 마거릿이 태어났다.

1886년 51세
어머니와 동생이 세상을 떠났다.

1887년 52세
루이즈 휫필드와 결혼했다.

1889년 54세
『부의 복음』을 출판했다.

경제적 불평등

물조차도 먹을 수 없는 가난

　햇볕이 따가웠어요. 수잔의 이마에서 땀이 흘렀어요. 머리카락이 눈을 찔렀어요. 배에서 꼬르륵 소리가 났어요.

　수잔은 물을 길러 갔어요. 우물은 마을에서 수 킬로미터 떨어져 있어요. 오전에 집에서 출발해도 물을 길어 집에 돌아오면 오후가 되었지요. 물도 들어 있지 않은 물통인데도 무거웠어요. 돌아올 때는 물통이 얼마나 더 무거울까요.

　네 살인 수잔의 여동생이 낑낑거리며 물통 한 개를 끌고 따라왔어요. 수잔은 열한 살이에요. 예전에는 두 살 아래인 남동생과 같이 왔는데, 그 아이는 지금 집에 있어요.

얼마나 걸어왔을까요? 여동생은 바닥에 주저앉아 풀풀 날리는 고운 모래를 가지고 잠시 손장난을 치다가 말했어요.

"언니, 우리 우물까지 가려면 너무 멀잖아. 여기서 땅을 파 보자."

소용없다는 걸 알면서도 여동생이랑 같이 땅을 팠어요. 앙상한 여동생의 팔이 힘없이 움직였어요. 동생의 손톱 밑이 금방 헐어서 피가 맺혔어요. 그 손으로 흙탕물 한 모금을 떠서 먹었어요. 언제부터 가뭄이었는지 생각도 안 났어요. 흙먼지가 날려서 눈에 뭐가 들어갔나 봐요.

"언니, 울어?"

"여기는 물이 없을 거 같아. 우물까지 가자. 갈 수 있지?"

수잔은 얼른 눈가를 훔쳤어요. 동생이 말없이 일어섰어요.

집에 있는 남동생의 발에서는 실 같은 벌레가 나왔어요. 남동생은 걸을 수가 없어서 엄마 옆에 가만히 누워 있어요. 엄마는 자꾸 설사를 했어요. 병원에 가야 하는 건 알지만, 갈 수가 없어요. 아버지만 계셨어도……. 아버지도 처음에는 설사만 했었는데, 작년에 돌아가셨어요. 엄마도 아버지처럼 돌아가실까 봐 겁이 났어요. 깨끗하지 않은 물 때문일까요? 그래서 아버지도 엄마도 남동생도 병에 걸린 걸까요?

엄마가 아프고 나서 물을 길어 오는 건 온전히 수잔의 일이 되었어요. 집안일도요. 물을 길어다 놓고 저녁 먹을 준비를 해야 했어요.

우물가에 다다랐어요. 여전한 흙탕물에 쓰레기까지 떠 있네요. 동생은 물 한 방울이라도 더 마시고 가려 했지요. 수잔은 이 물을 먹을 때마다 아버지나 엄마나 남동생처럼 될까 봐 겁이 났어요. 하지만 수잔은 물을 마셨어요. 목마른 걸 참는 게 더 힘들거든요.

불평등 줄이기

가난한 아프리카 아이들은 매일 멀리 떨어진 우물까지 물을 길러 가요. 하루 평균 5시간 이상을 걸어서 간대요. 그 물은 오염돼 있어서 먹으면 병에 걸리기 쉬워요. 그래도 그 더러운 물을 길어다 마셔요. 이처럼 세상에는 우리가 상상할 수 없을 정도로 어렵게 사는 사람들이 있어요.

그런 사람들을 돕기 위해 우물을 파 주는 사람들도 있고, 의료 봉사를 하는 사람들도 있어요. 돕는 방법은 다양해요. 우리가 가진 작은 돈이라도 기부하면 어려운 사람들을 도울 수 있어요. 내 것을 가난한 사람들과 나누는 그 작은 행동이, 세상의 불평등을 줄이는 지름길이에요.